DRAGON LIZARD LORD

.COM

DRAGON SHADOW

Coloring Maze Book

XYLAKORN

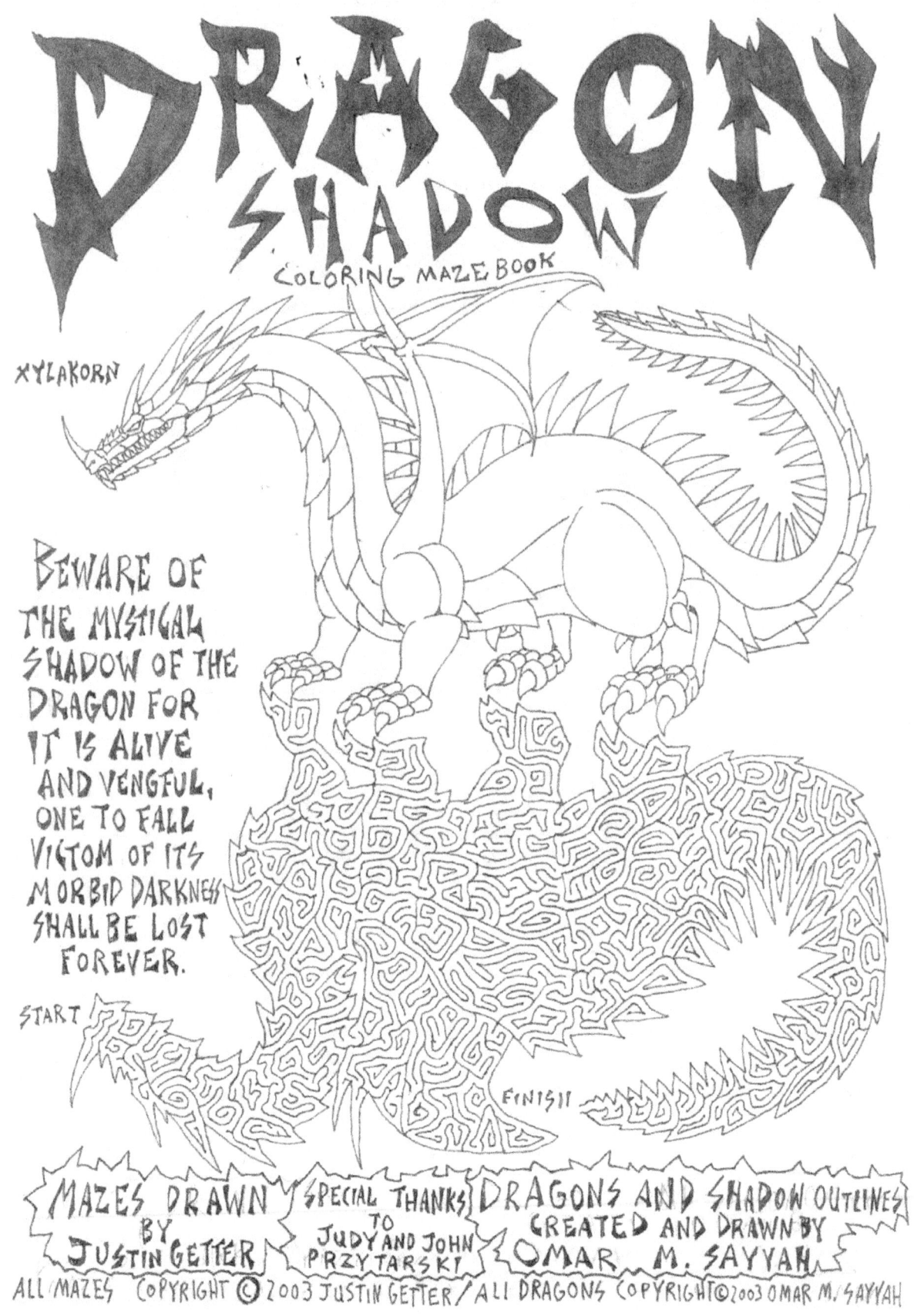

Beware of the mystical shadow of the dragon for it is alive and vengful, one to fall victom of its morbid darkness shall be lost forever.

START

FINISH

MAZES DRAWN BY JUSTIN GETTER

SPECIAL THANKS TO JUDY AND JOHN PRZYTARSKI

DRAGONS AND SHADOW OUTLINES CREATED AND DRAWN BY OMAR M. SAYYAH

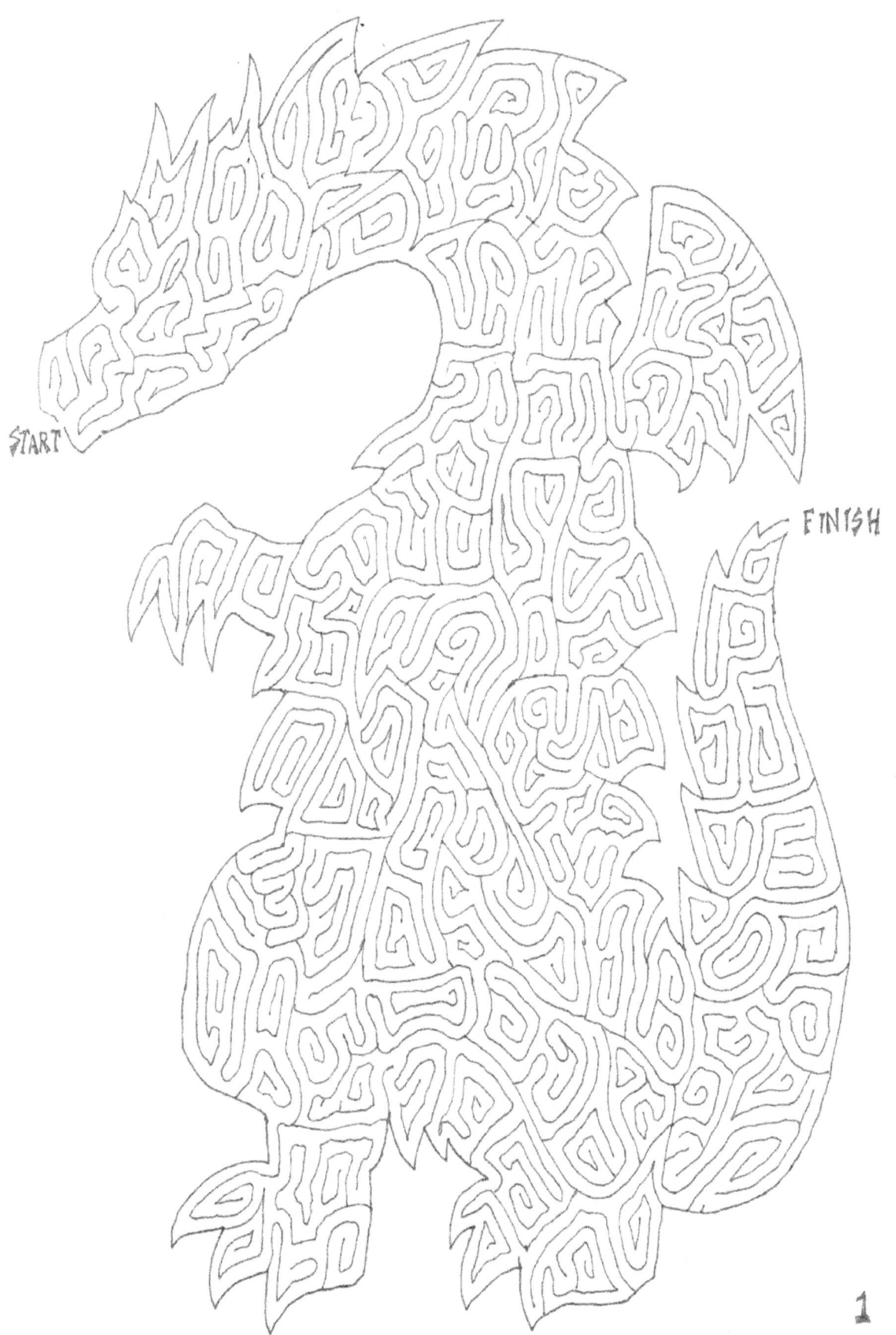

START

FINISH

1

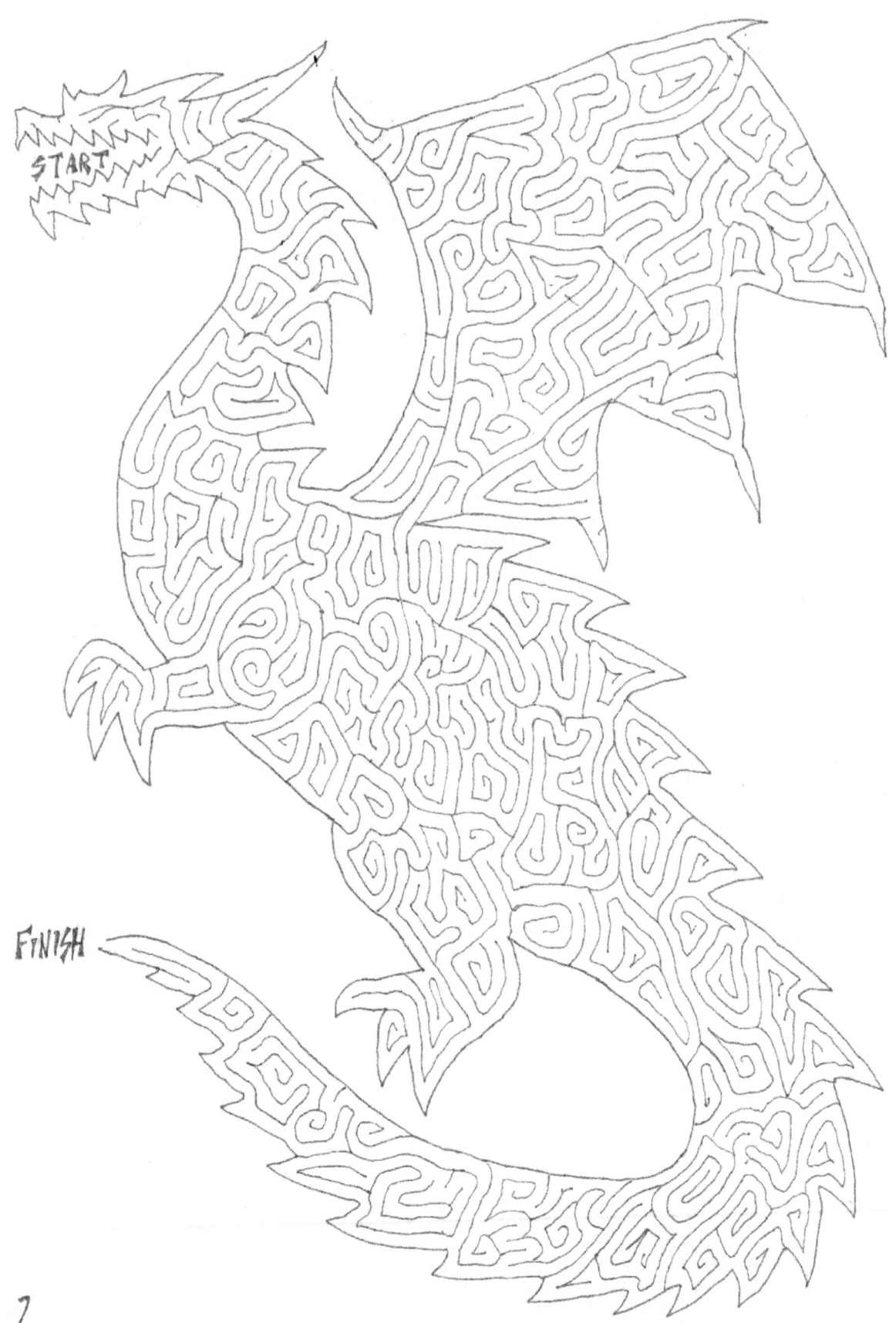

START

FINISH

7

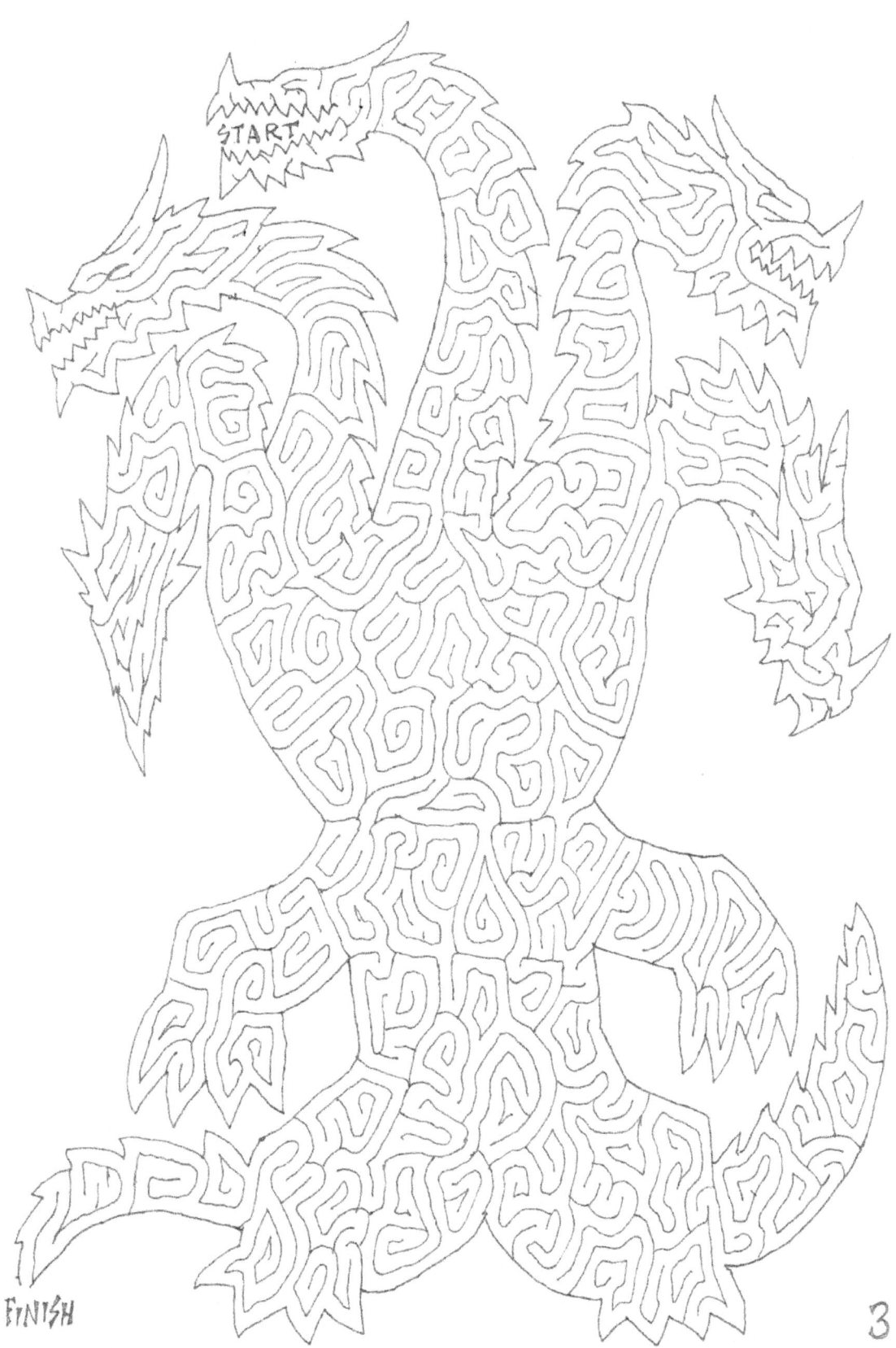

START

FINISH

3

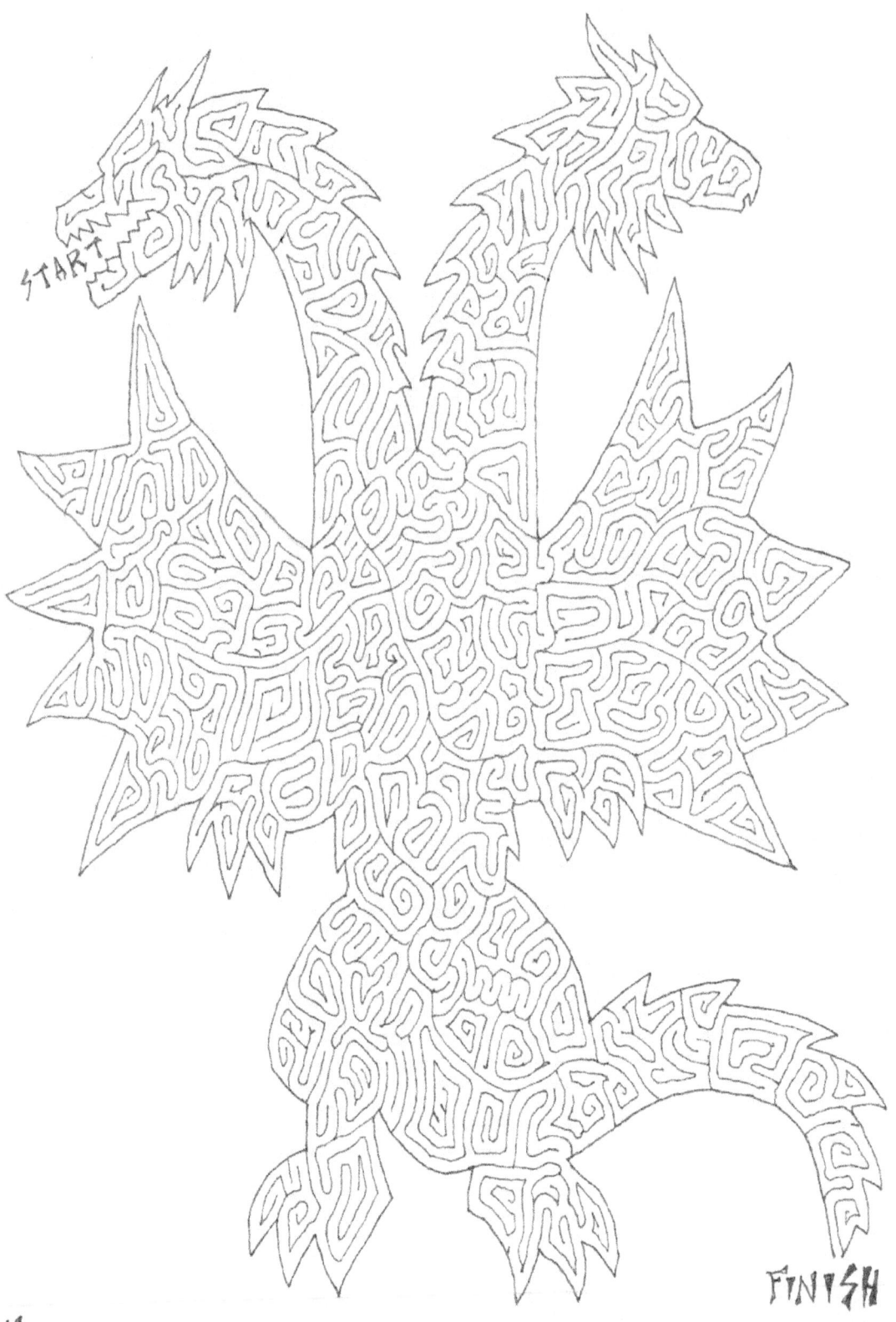

START

FINISH

4

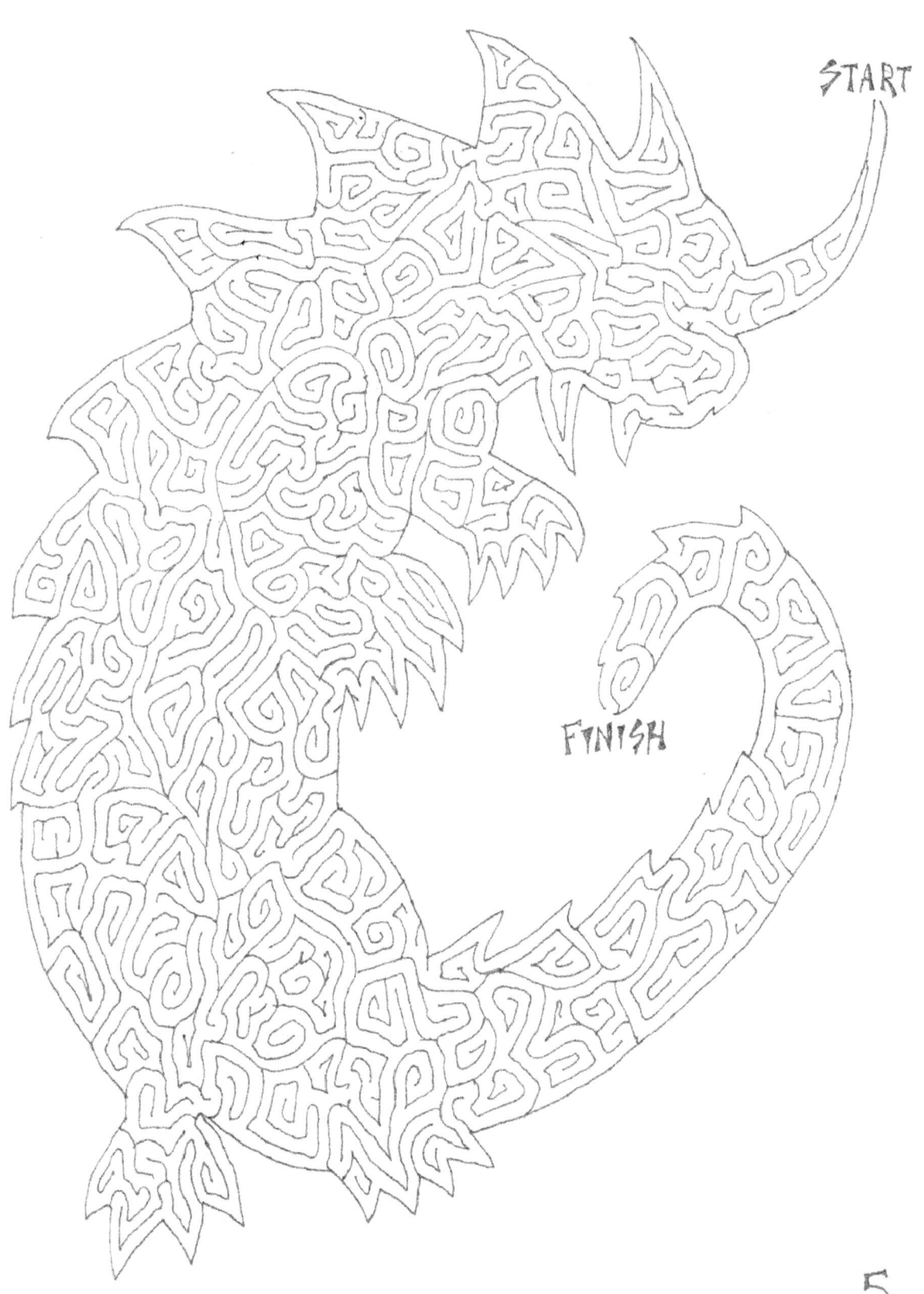

START

FINISH

5

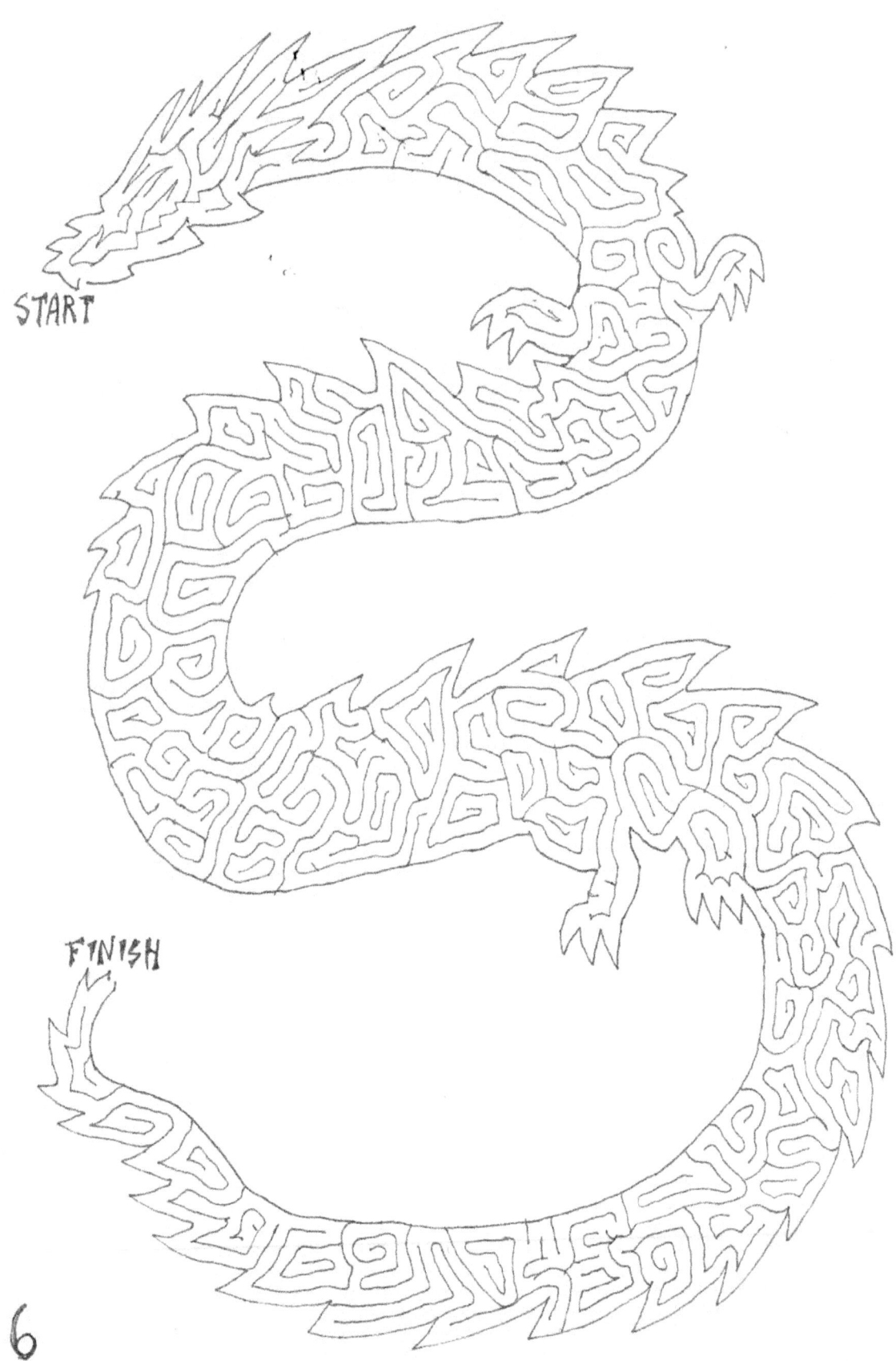

START

FINISH

6

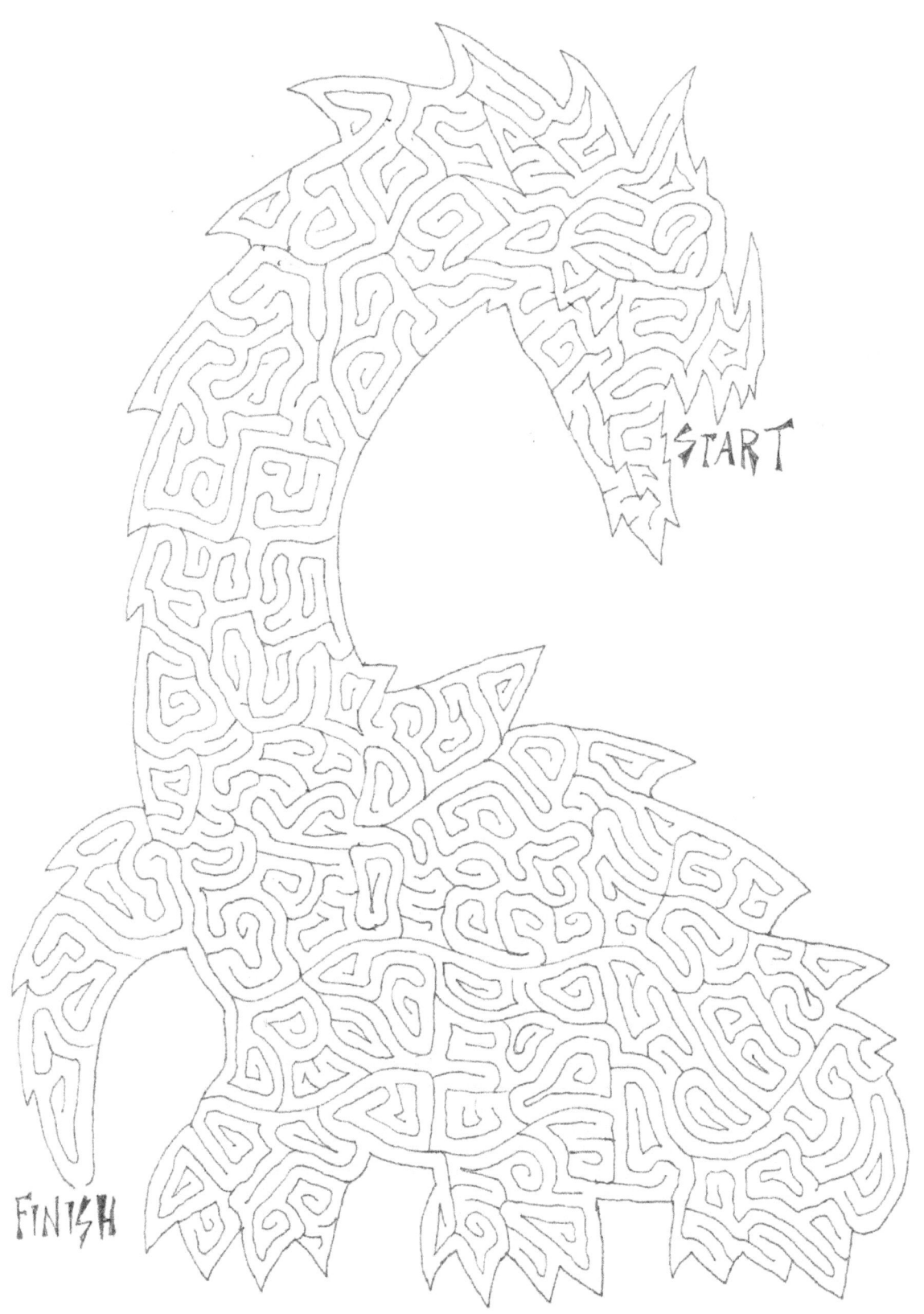

START

FINISH

7

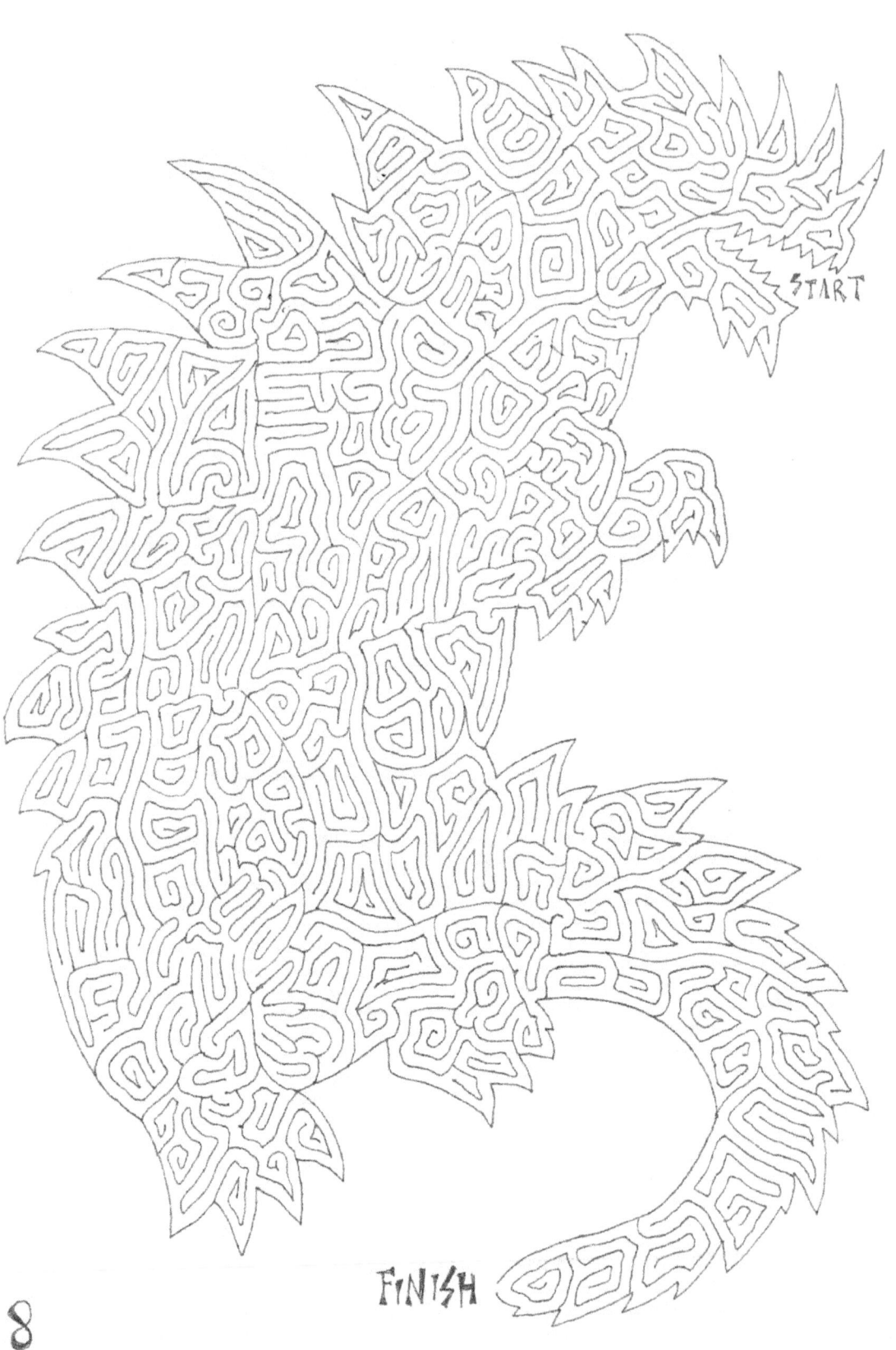

START

FINISH

8

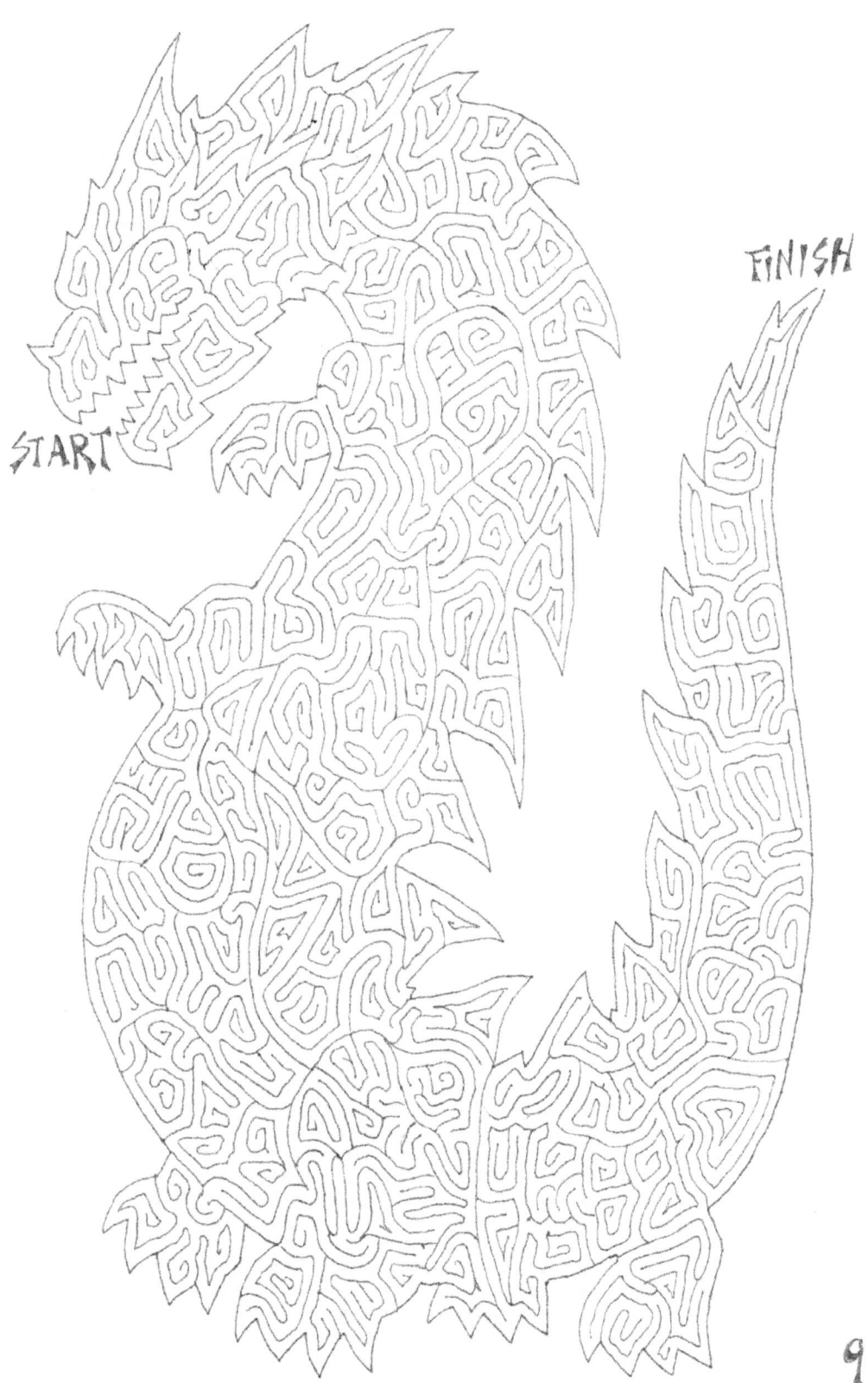

START

FINISH

9

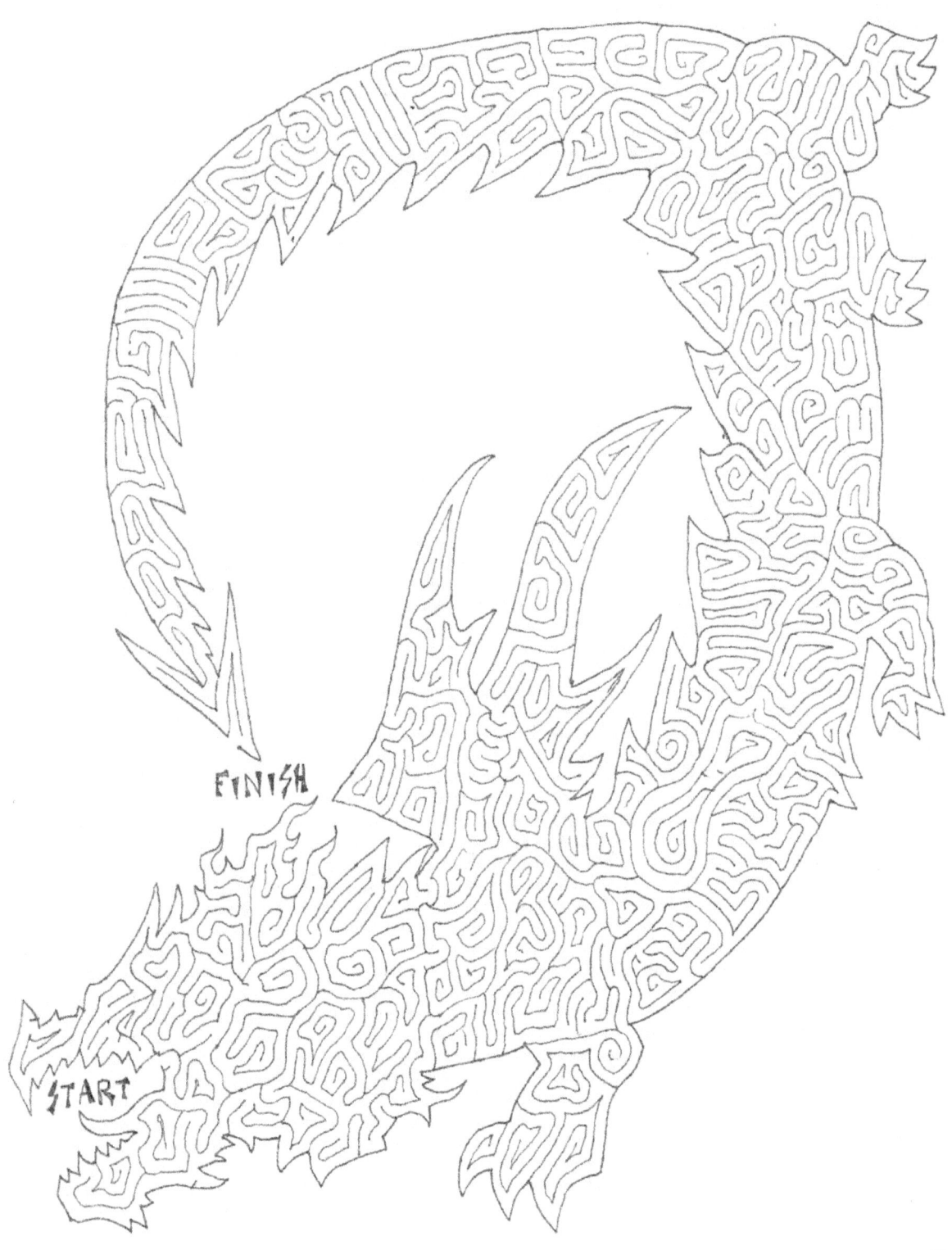

FINISH

START

10

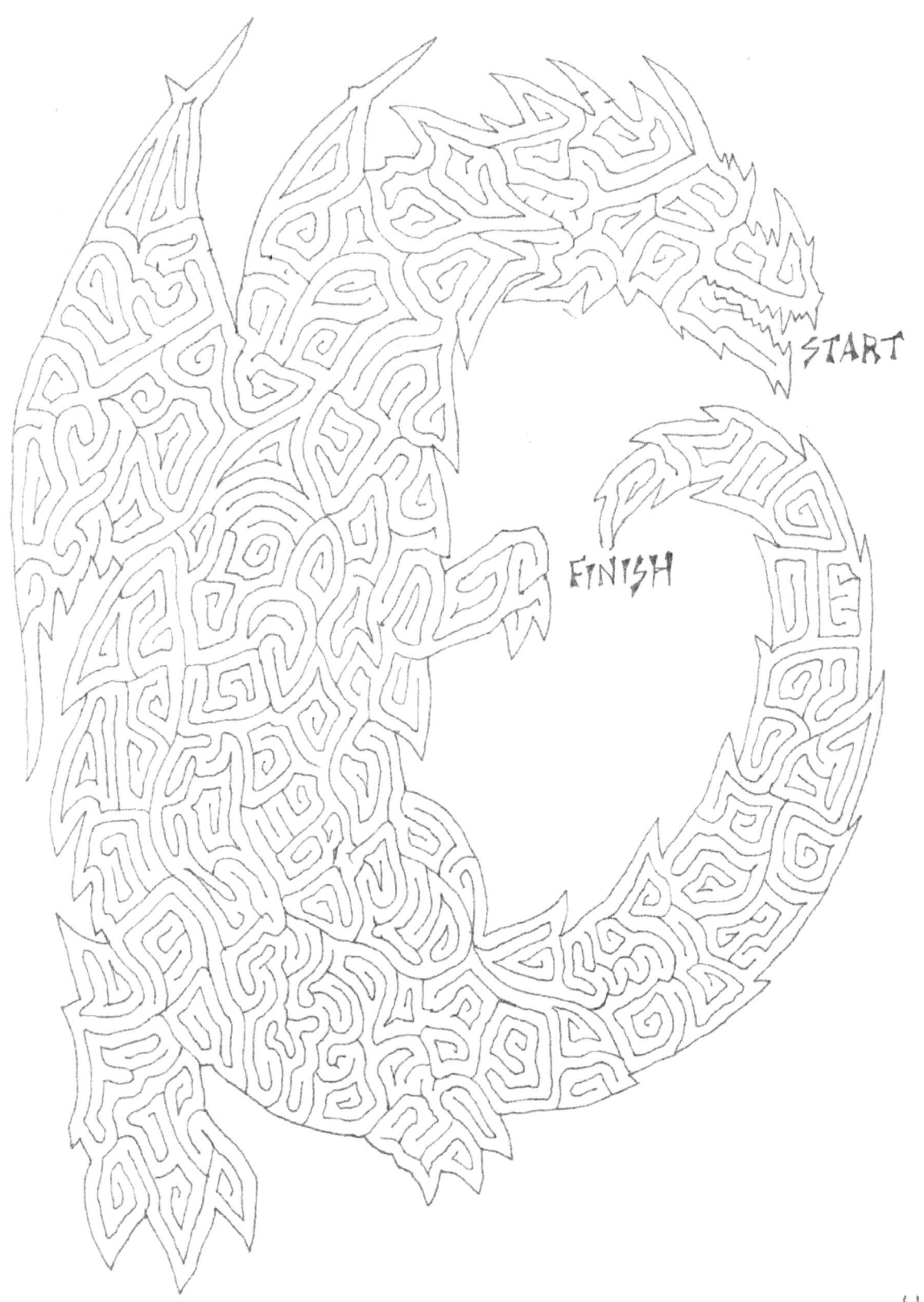

START

FINISH

11

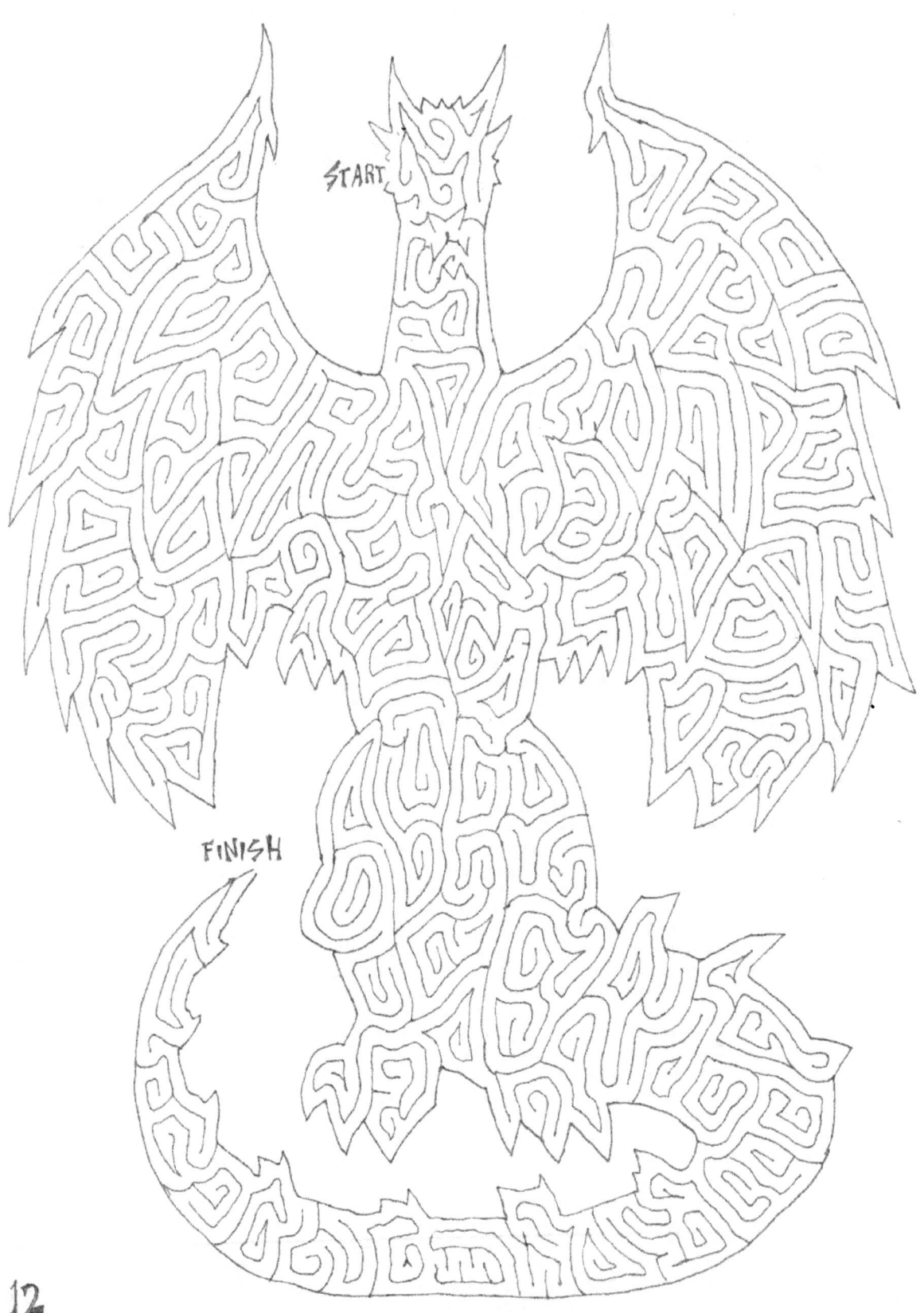

START

FINISH

12

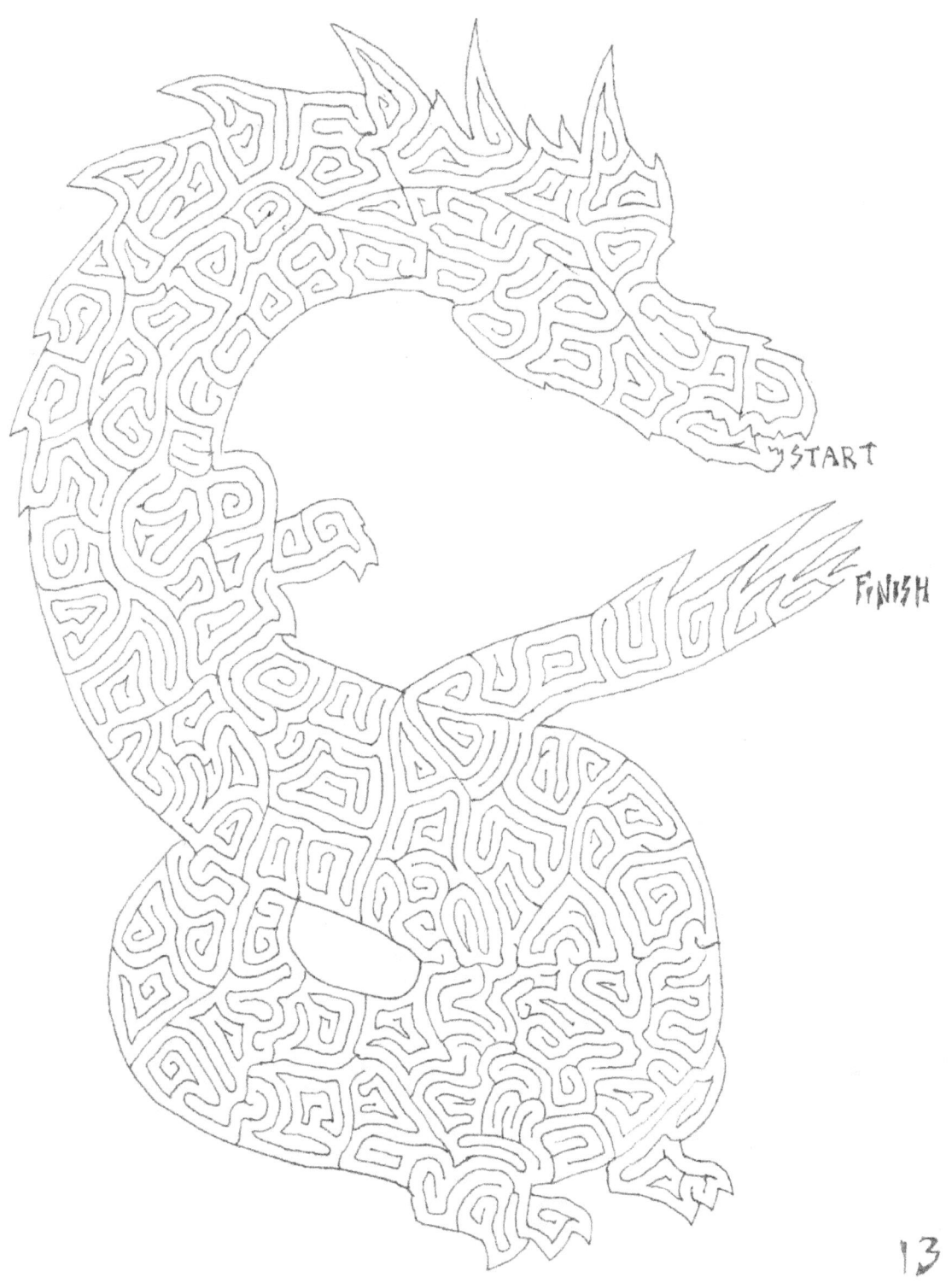

START

FINISH

13

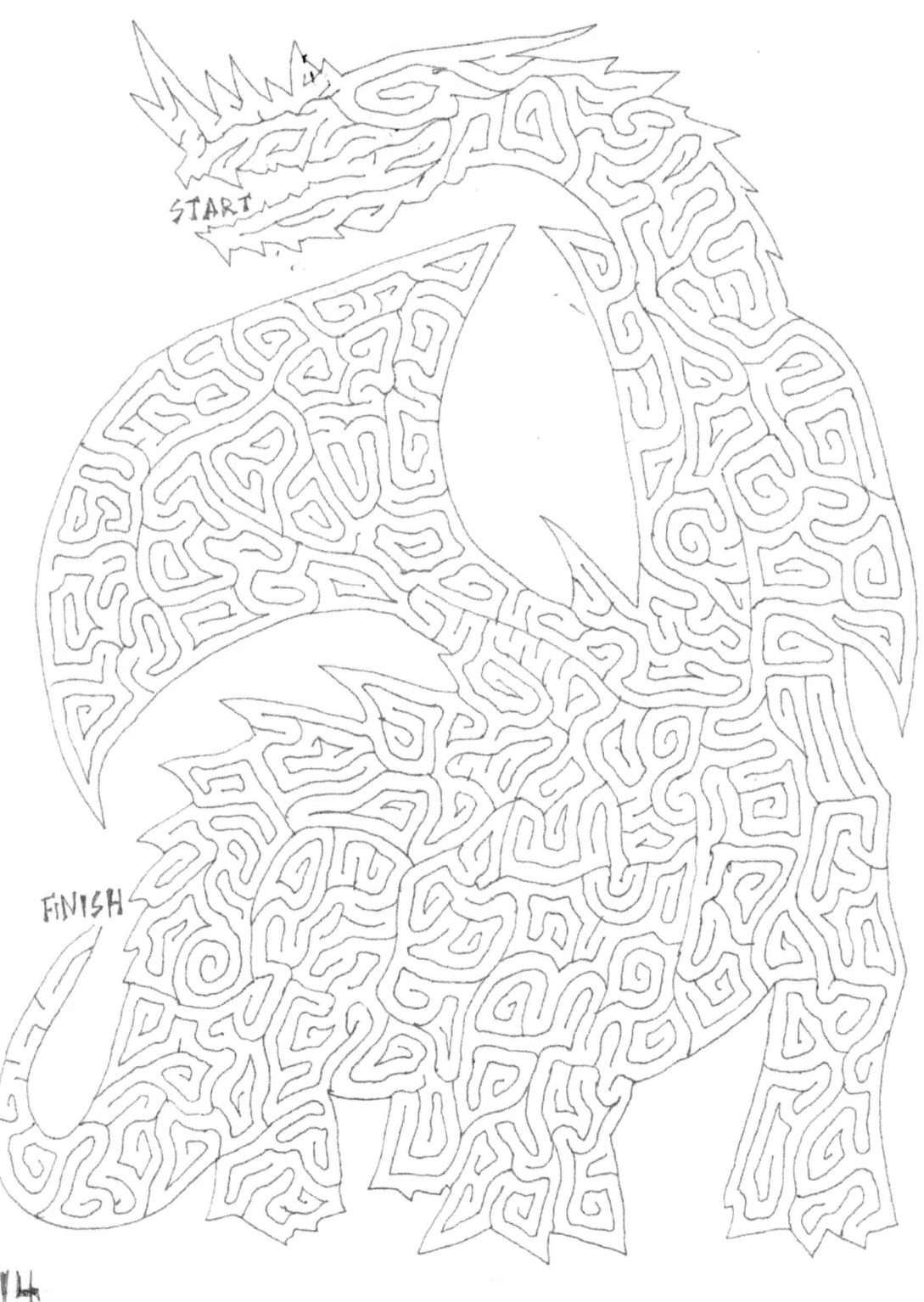

START

FINISH

14

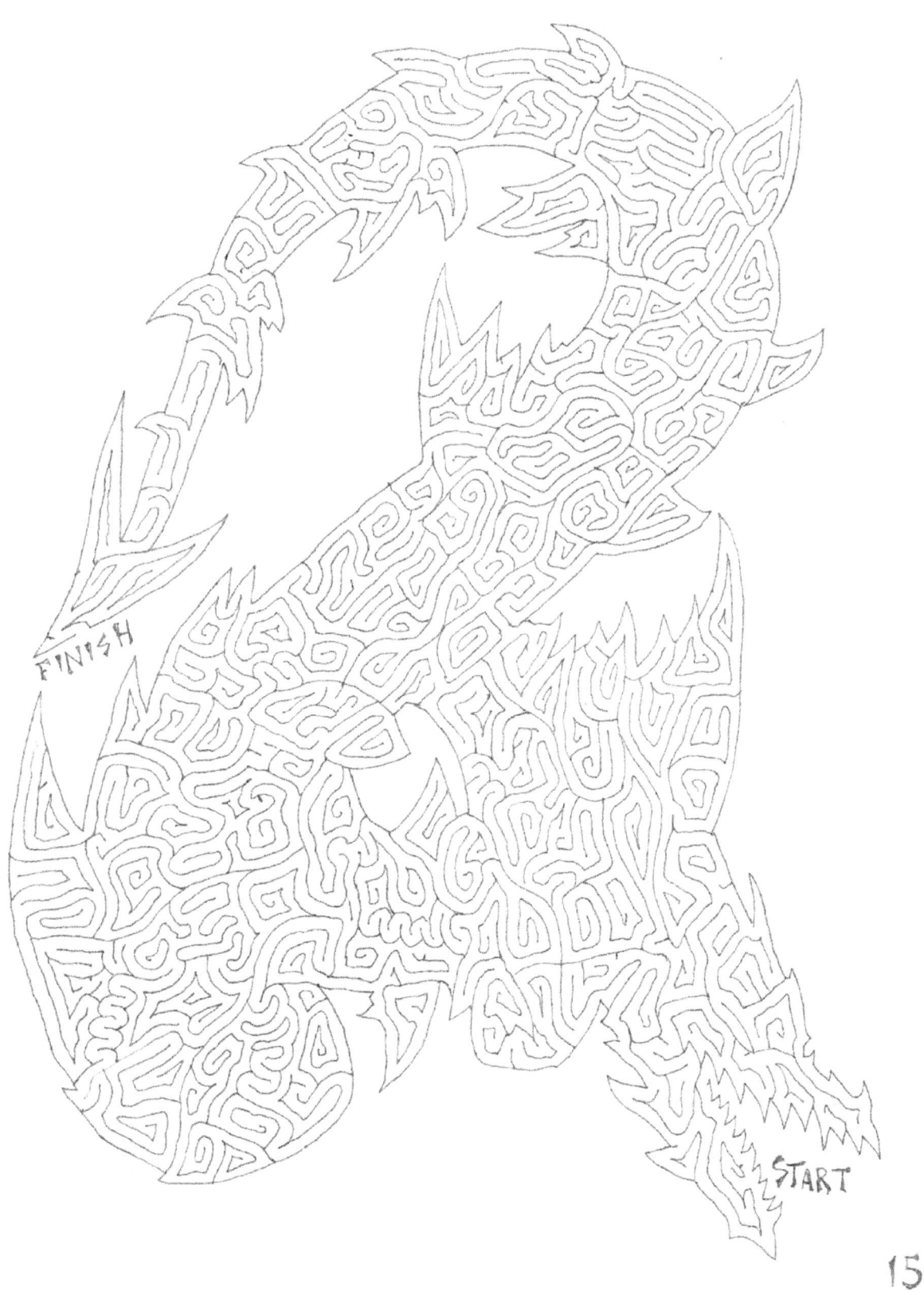

FINISH

START

15

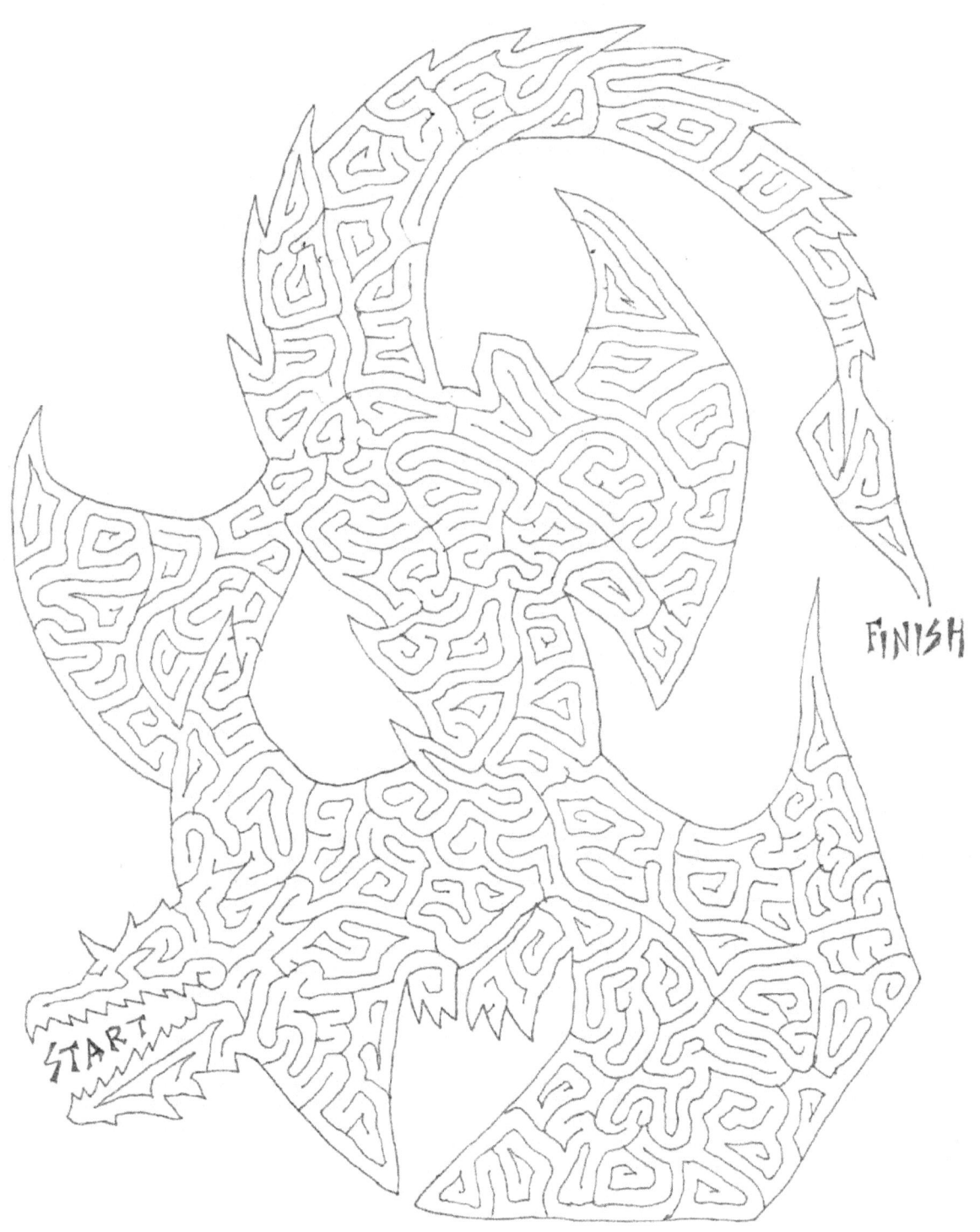

FINISH

START

16

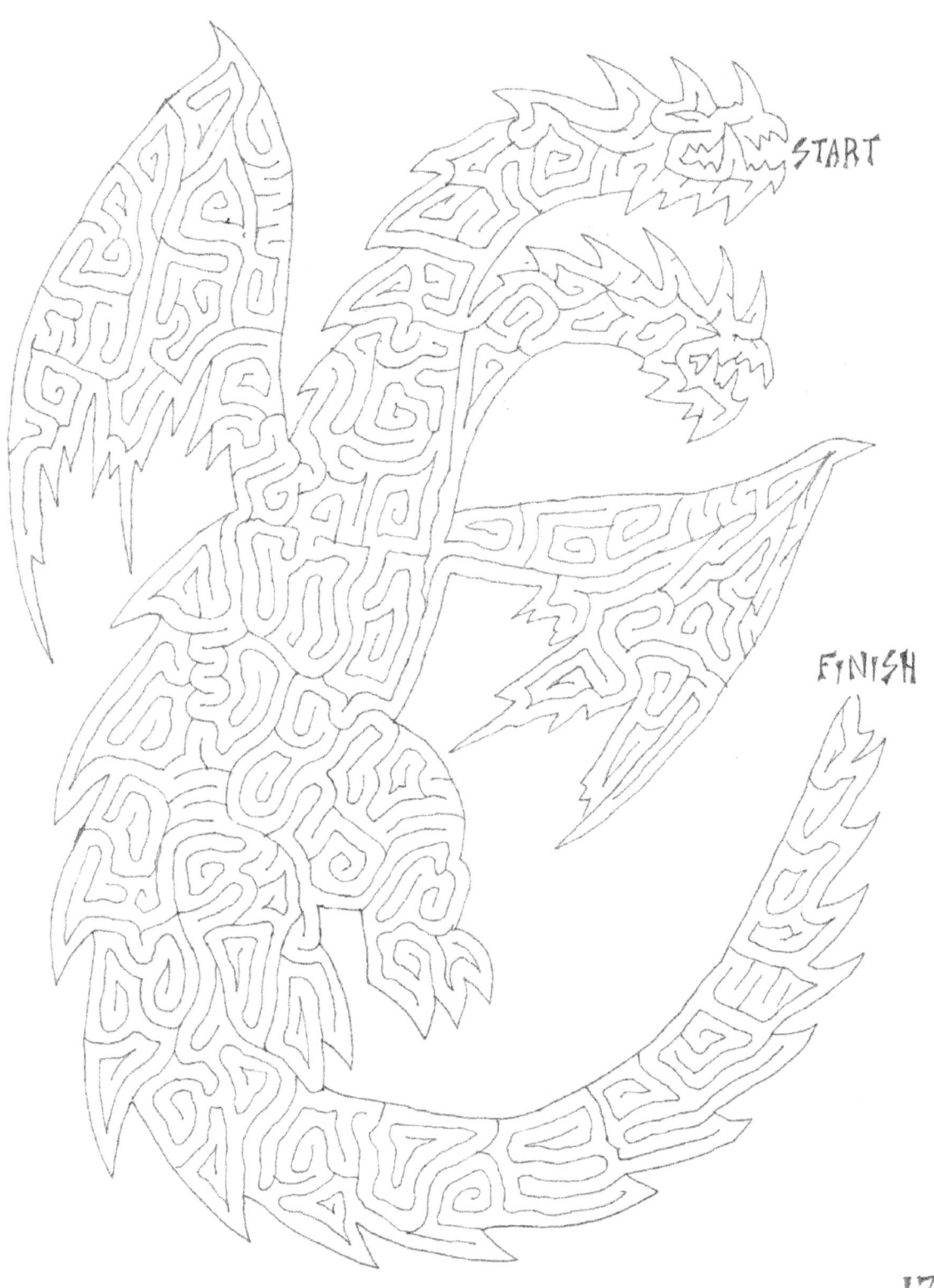

START

FINISH

17

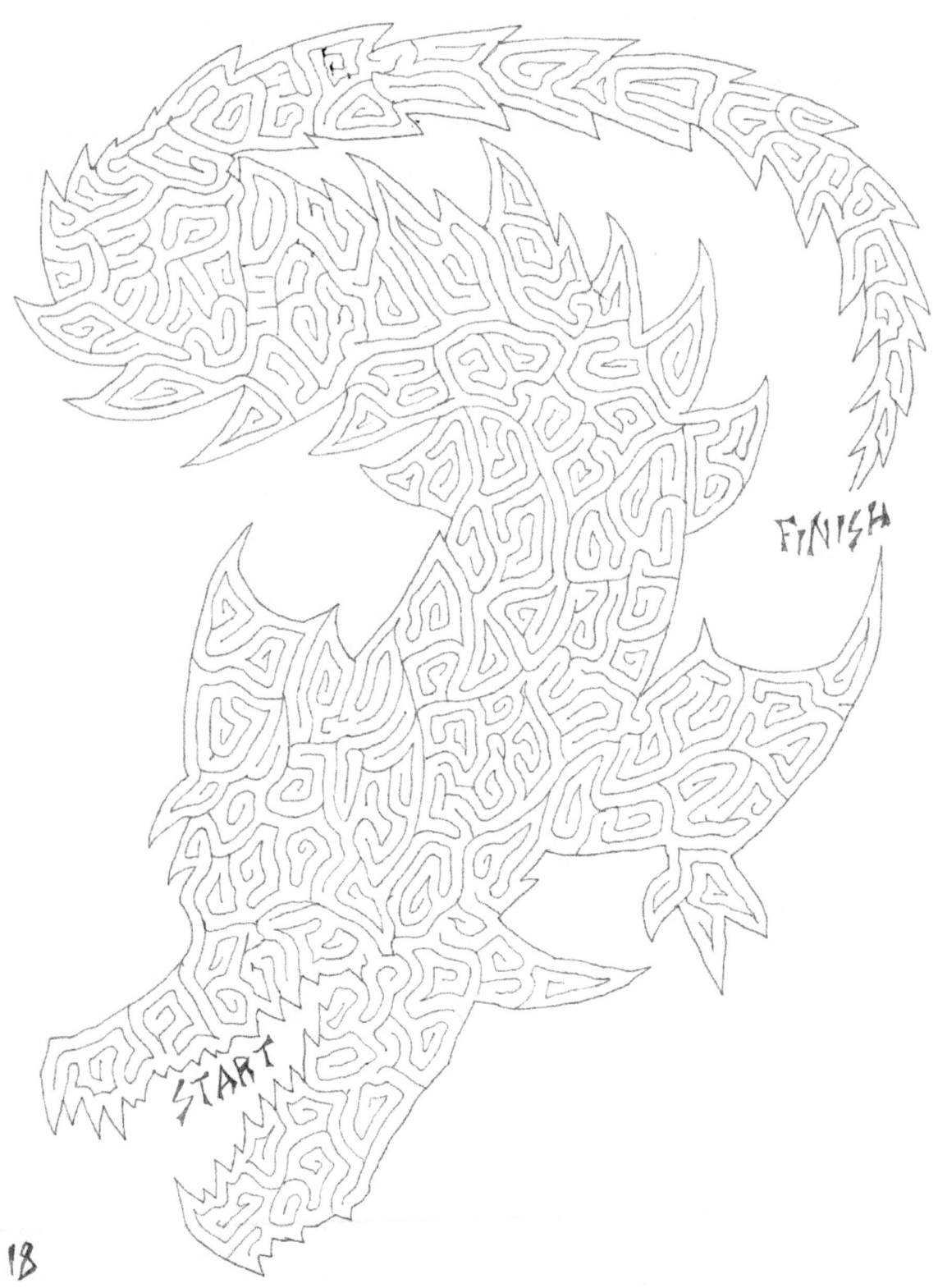

FINISH

START

18

START

FINISH

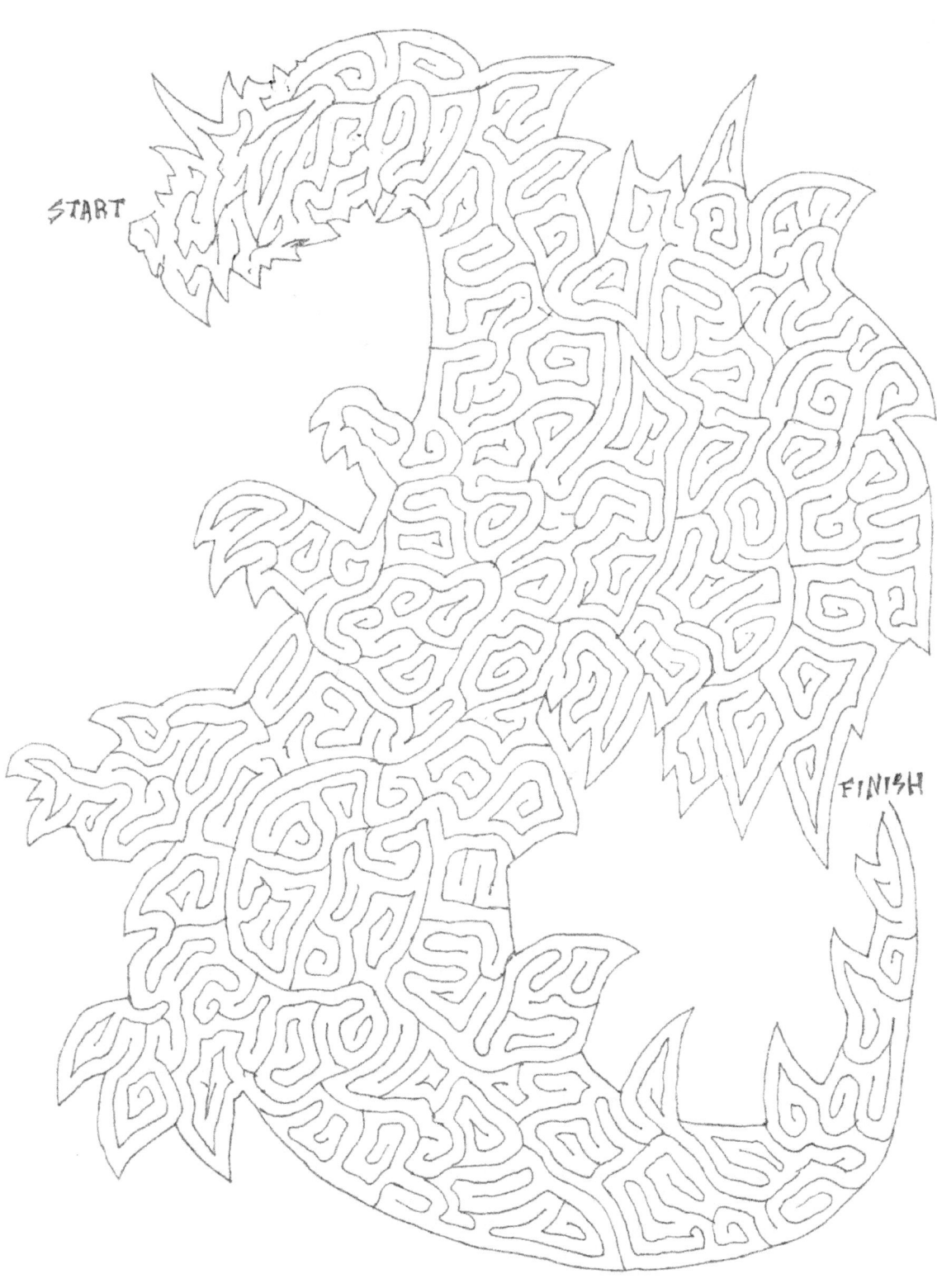

19

START

FINISH

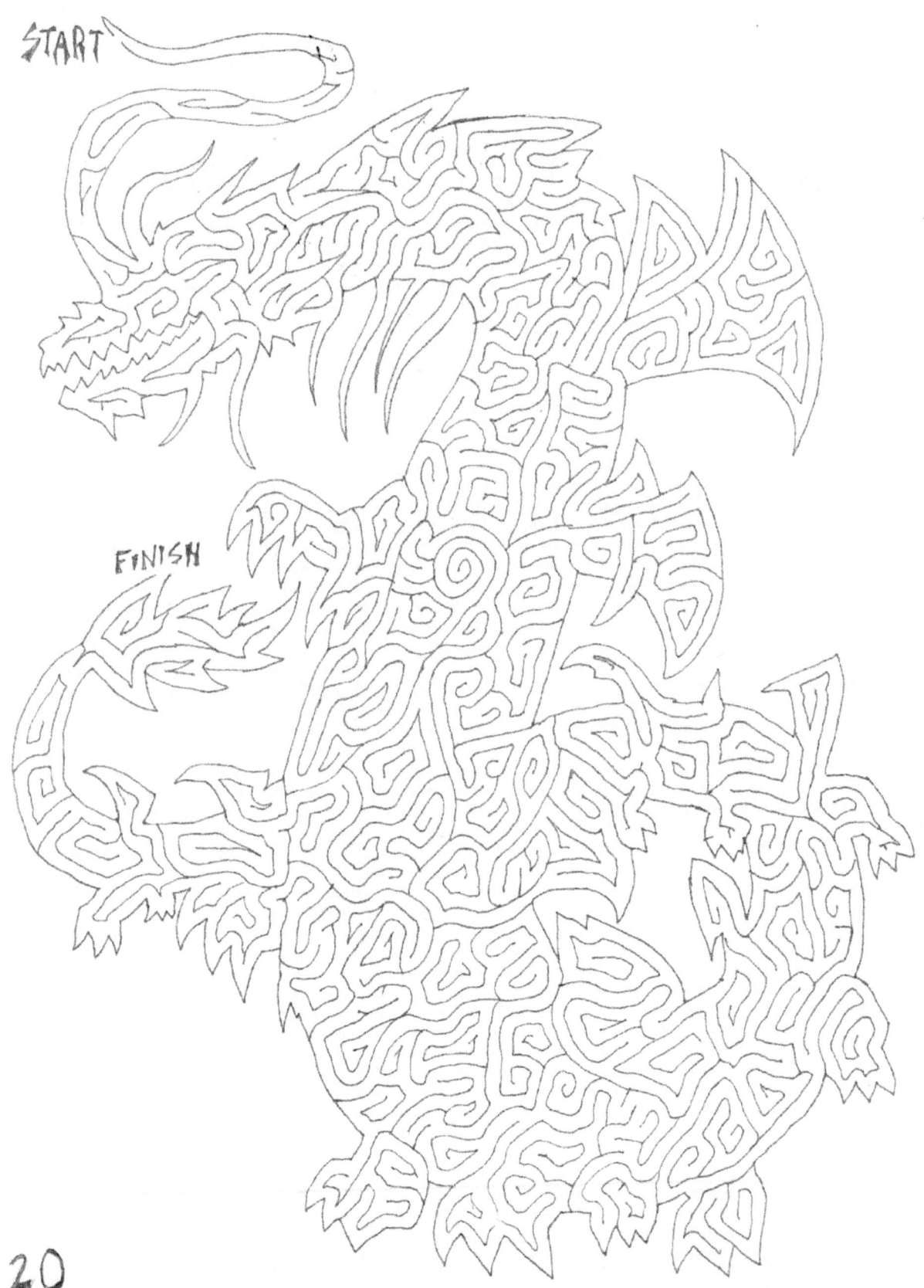

20

MATCH THE DRAGON WITH ITS SHADOW MAZE PAGE

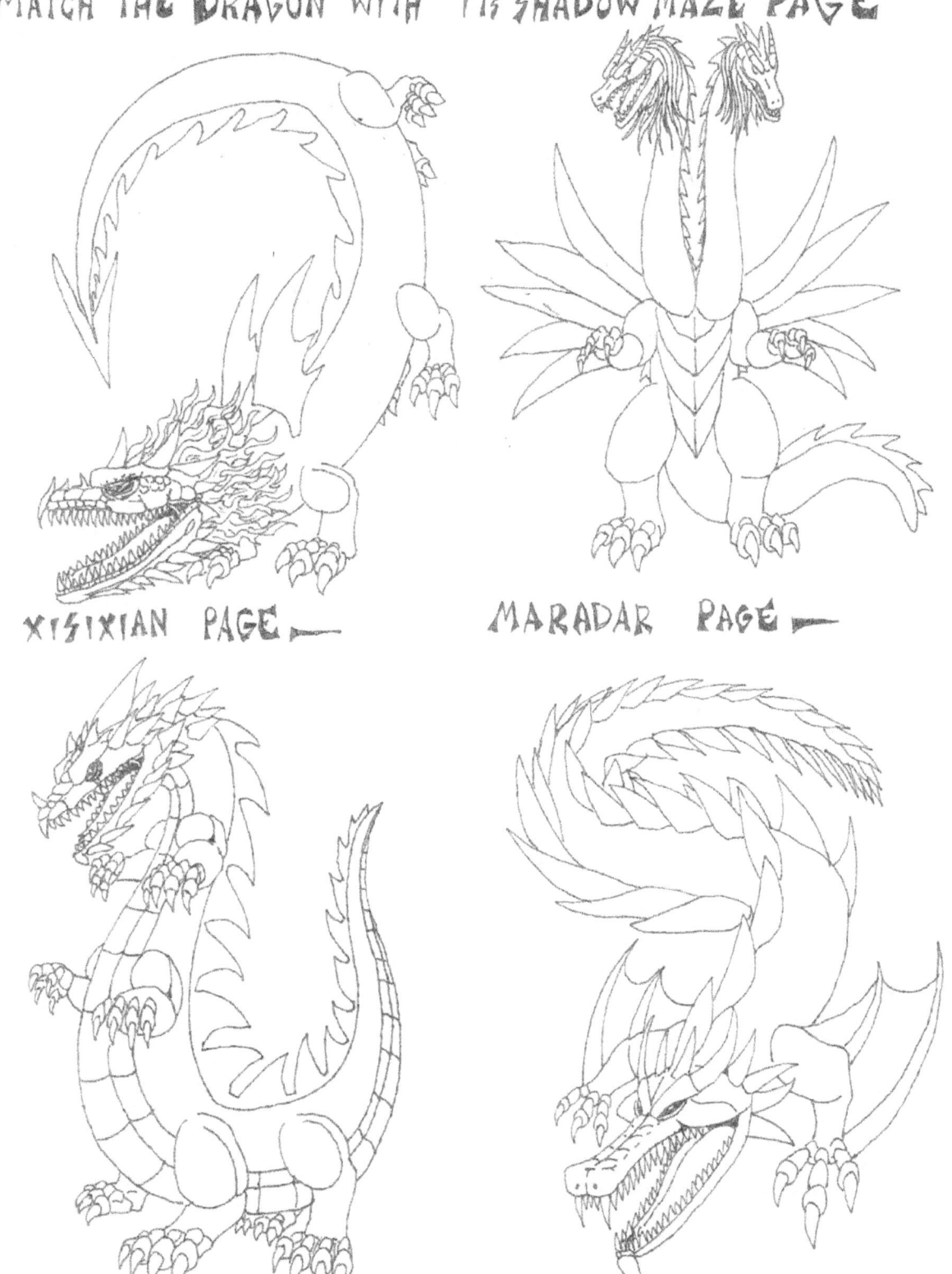

XISIXIAN PAGE

MARADAR PAGE

PARADOX PAGE

DEZTCRUTRA PAGE

MATCH THE DRAGON WITH ITS SHADOW MAZE PAGE

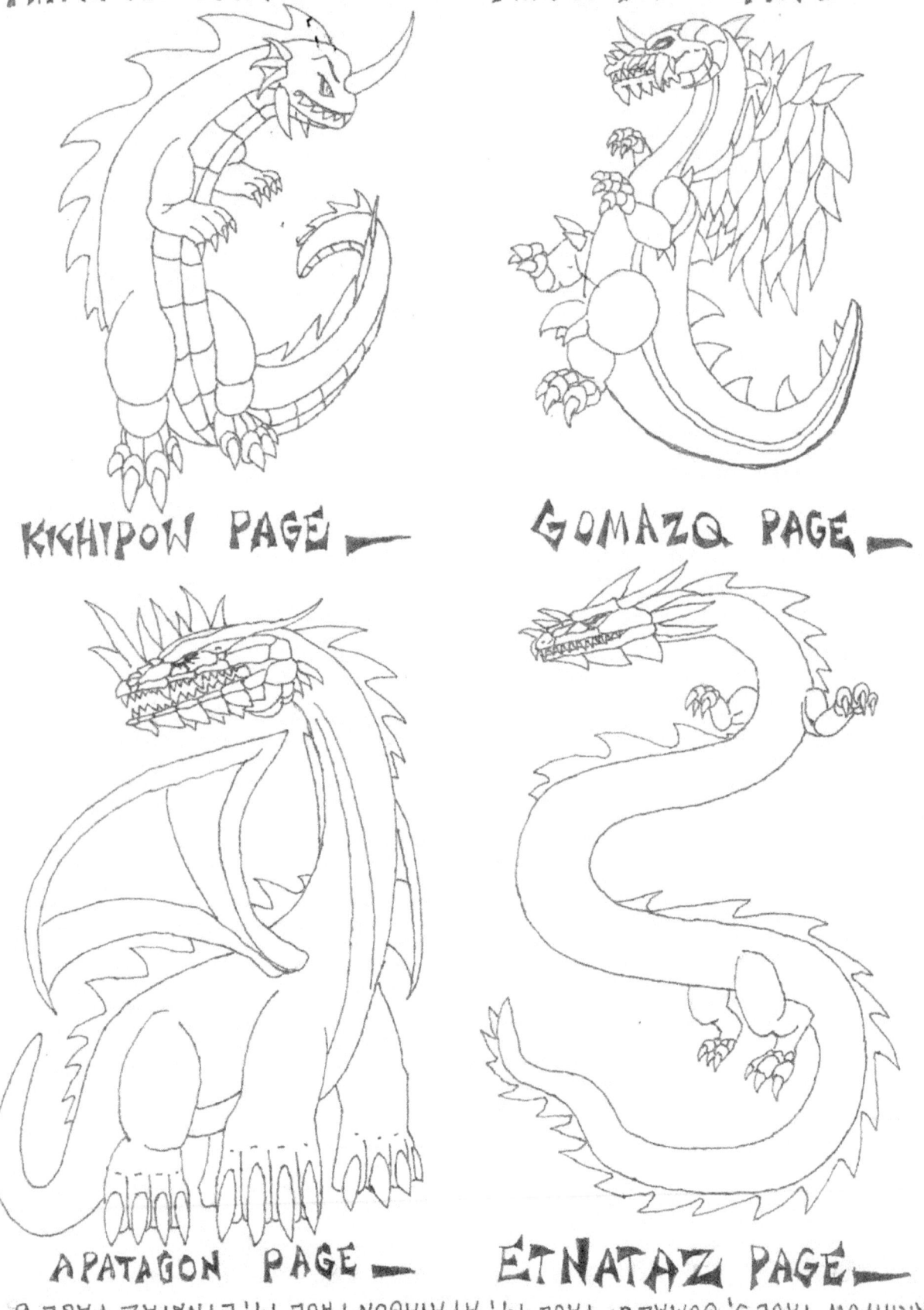

KICHIPOW PAGE ___

GOMAZQ PAGE ___

APATAGON PAGE ___

ETNATAZ PAGE ___

KICHIPOW PAGE 5, GOMAZQ PAGE 19, APATAGON PAGE 14, ETNATAZ PAGE 6.

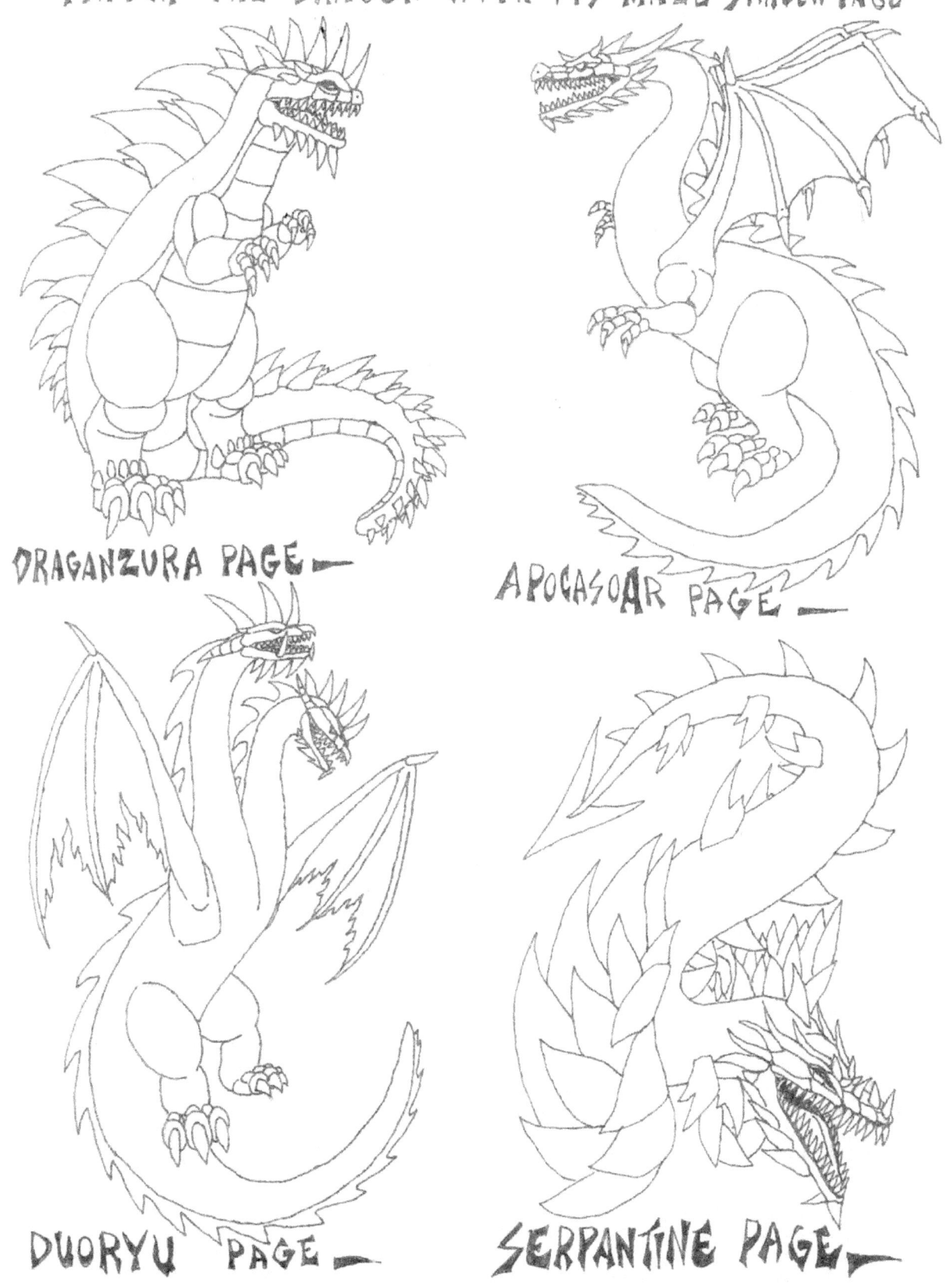

DRAGANZURA PAGE

APOCASOAR PAGE

DUORYU PAGE

SERPANTINE PAGE

DRAGANZURA PAGE 8, APOCASOAR PAGE 2, DUORYU PAGE 17, SERPANTINE PAGE 15

MATCH THE DRAGON WITH ITS SHADOW MAZE PAGE #

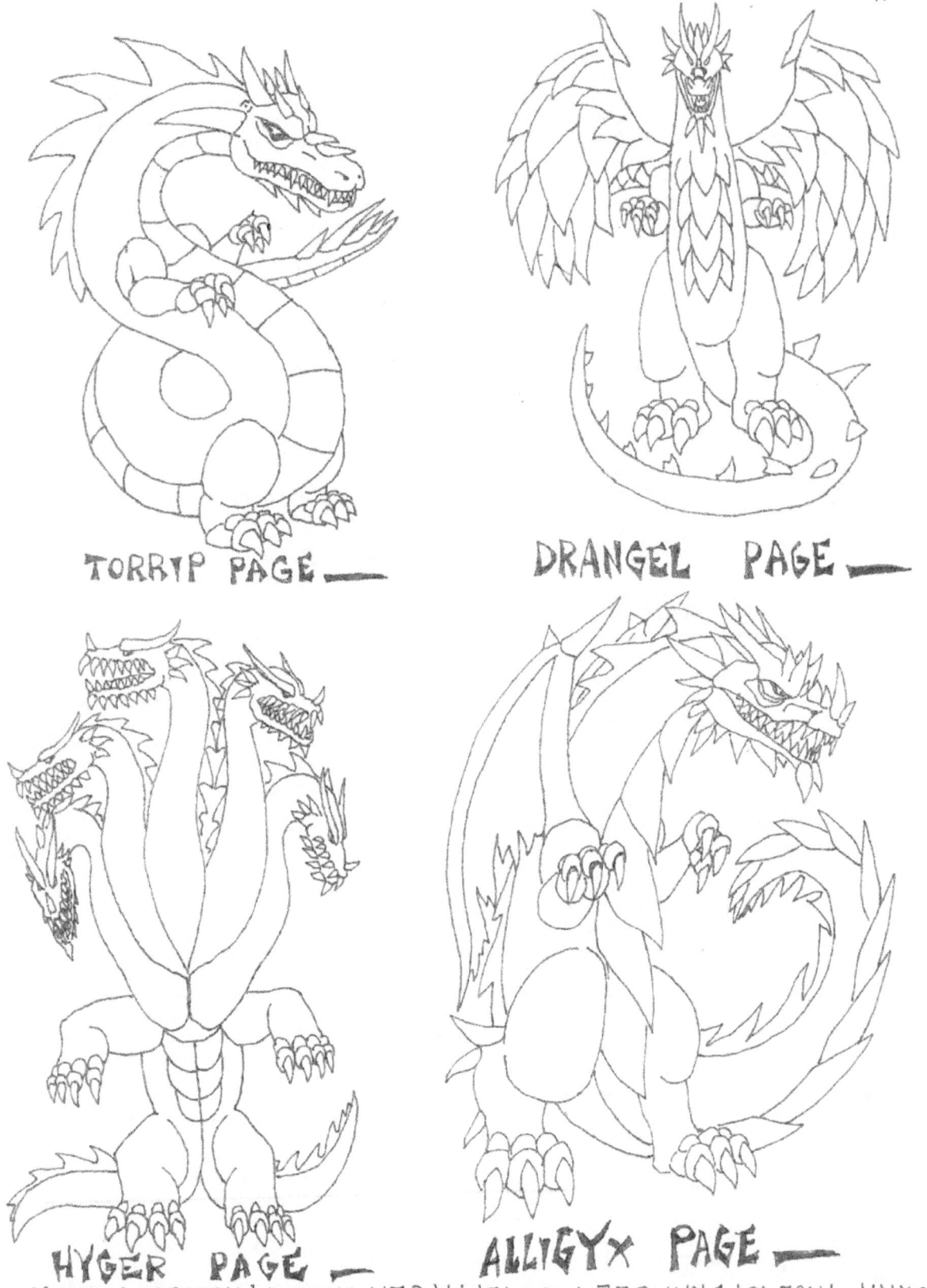

TORRIP PAGE ___

DRANGEL PAGE ___

HYGER PAGE ___

ALLIGYx PAGE ___

MATCH THE DRAGON WITH ITS SHADOW MAZE PAGE

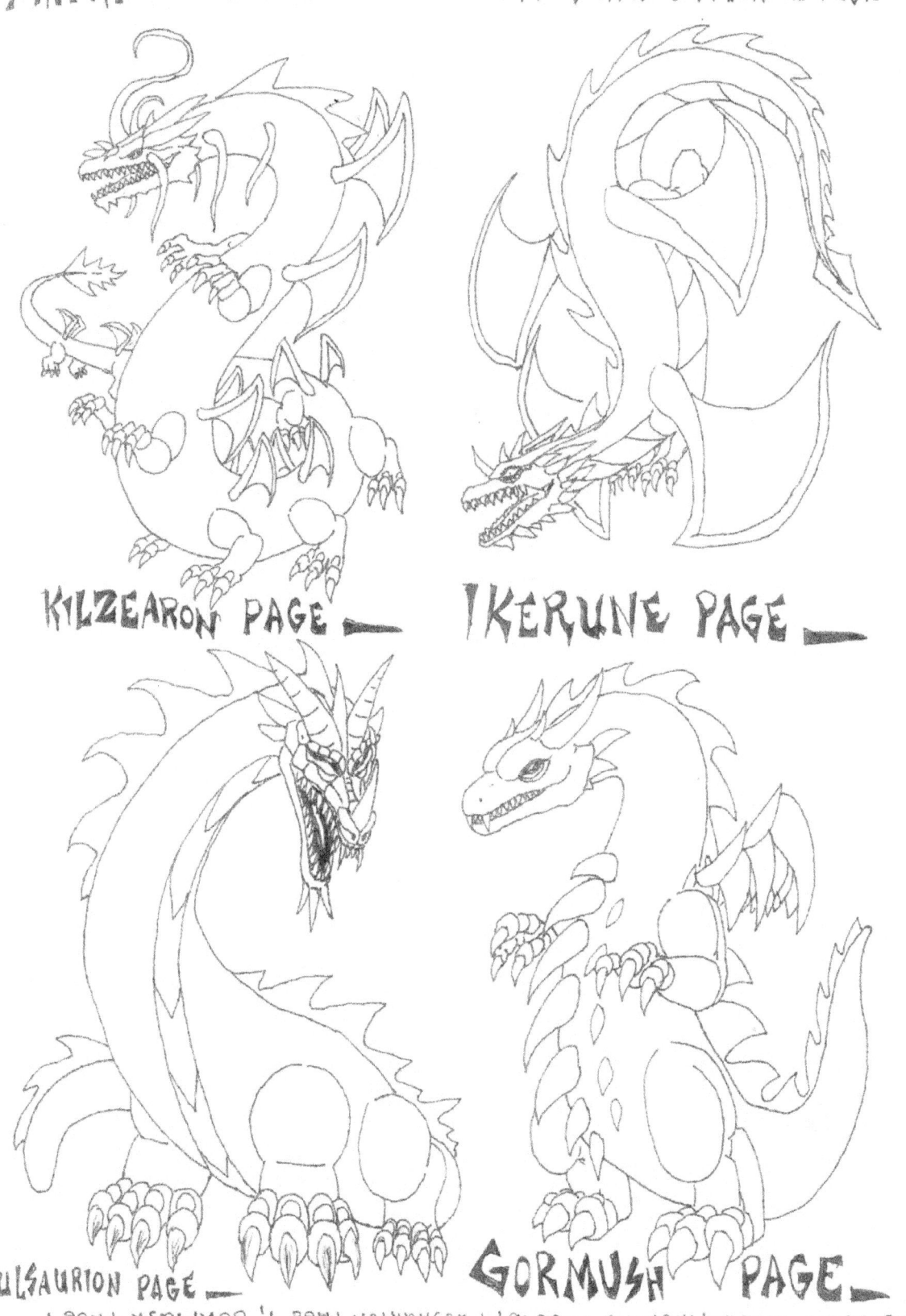

KILZEARON PAGE ___

IKERUNE PAGE ___

PULSAURION PAGE ___

GORMUSH PAGE ___

KILZEARON PAGE 20, IKERUNE PAGE 15, PULSAURION PAGE 7, GORMUSH PAGE 1

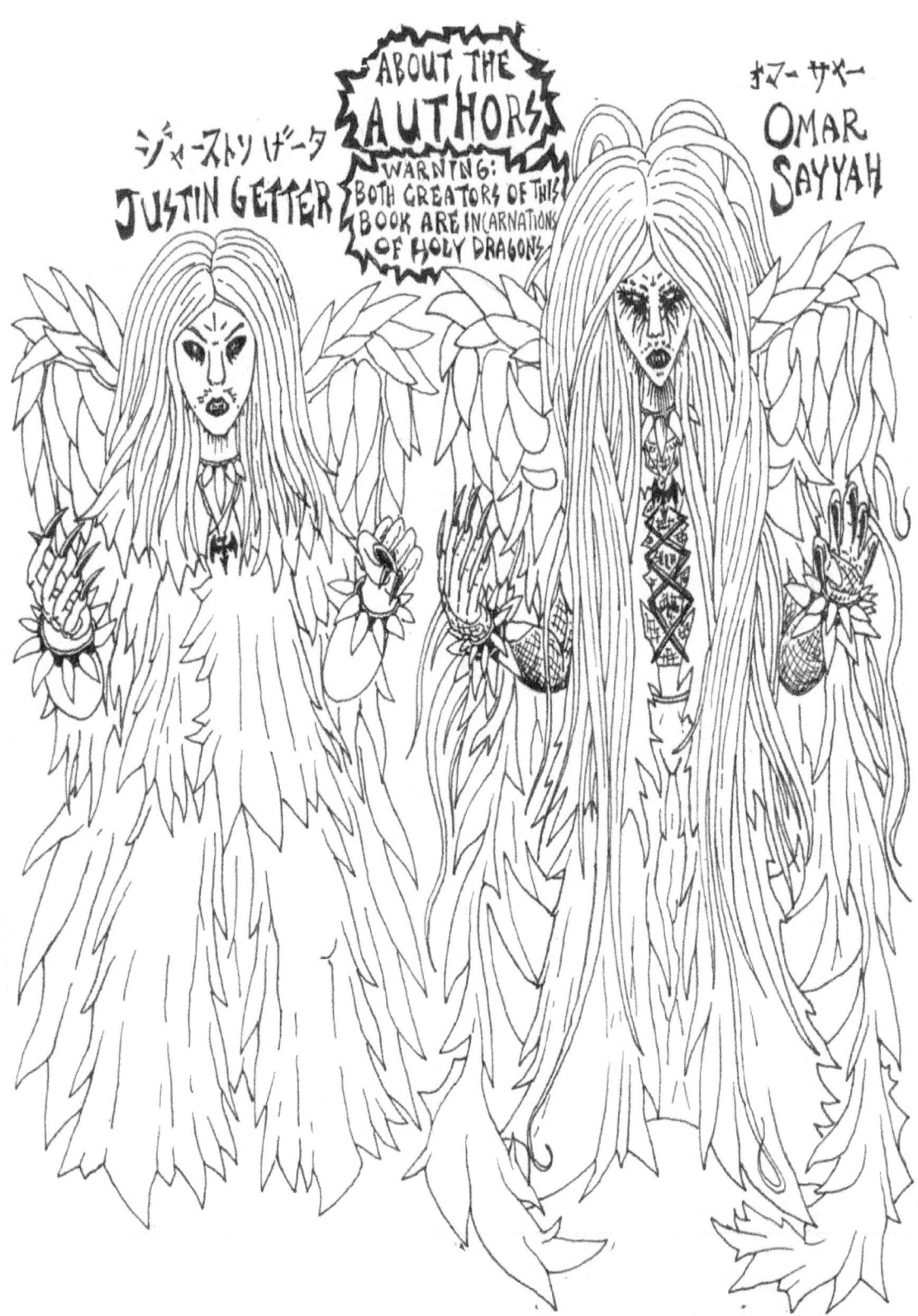

DRAGON LIZARD LORD .COM

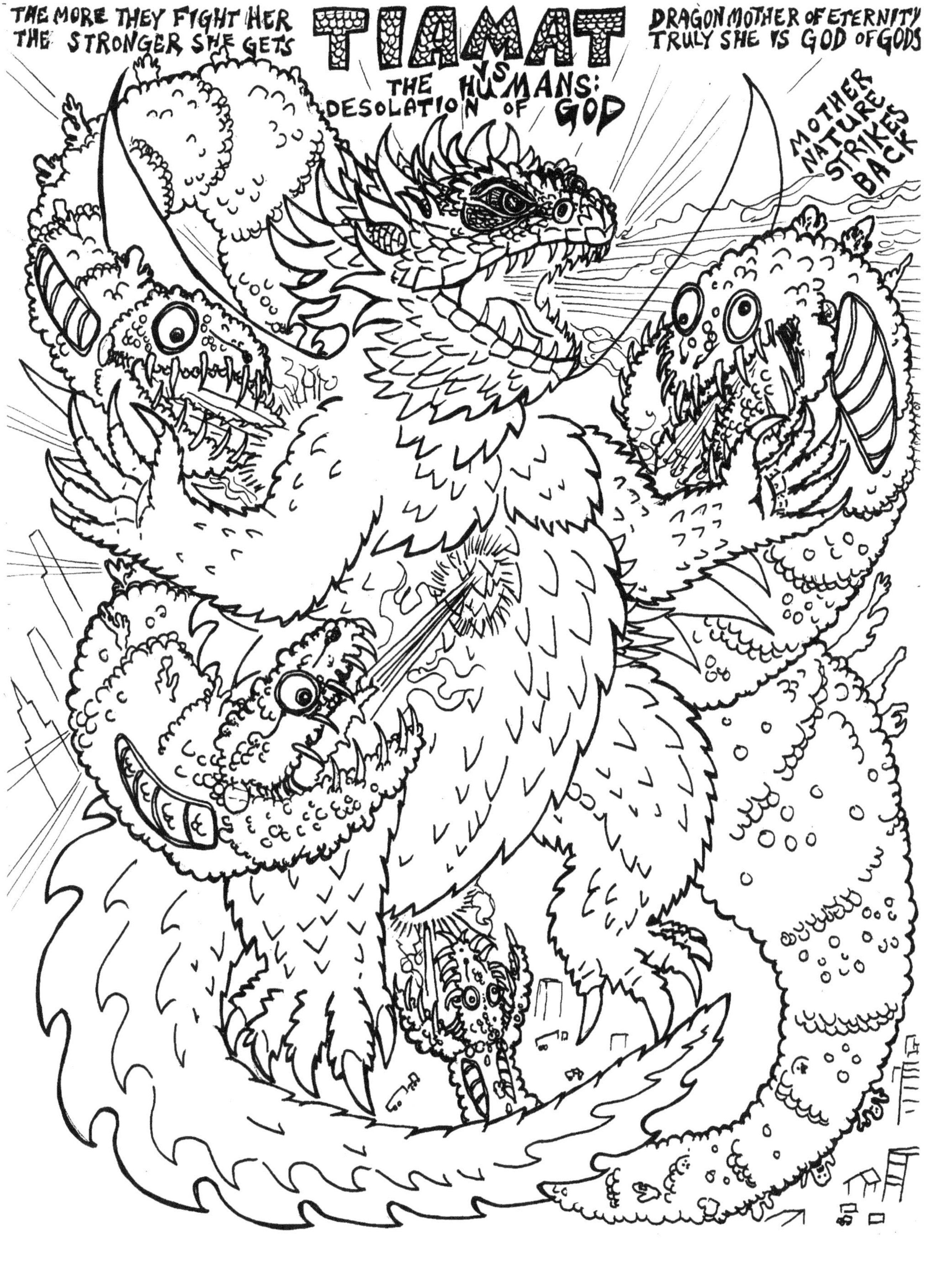

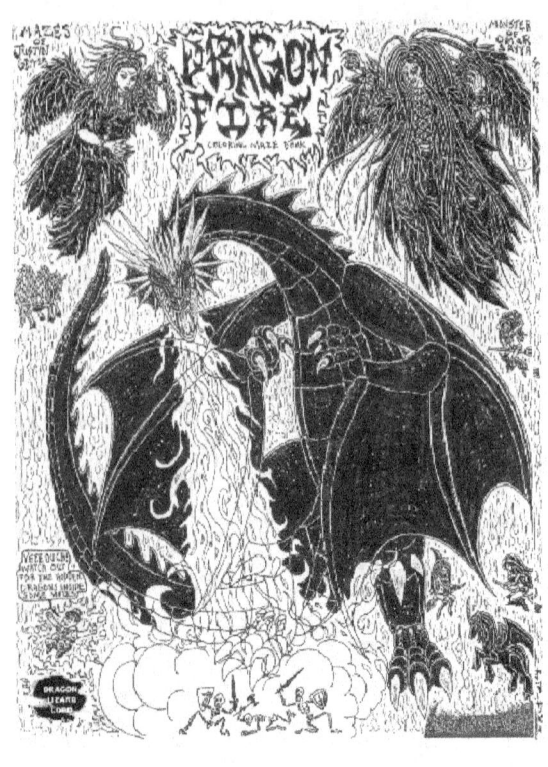

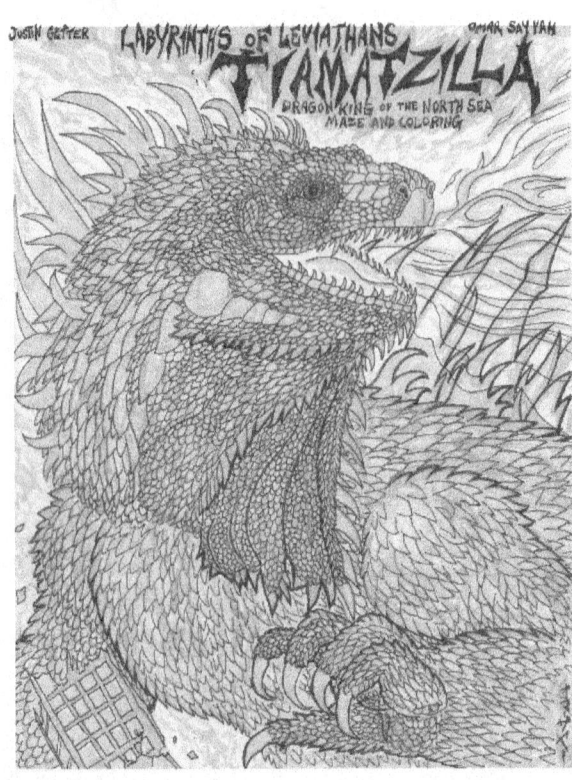

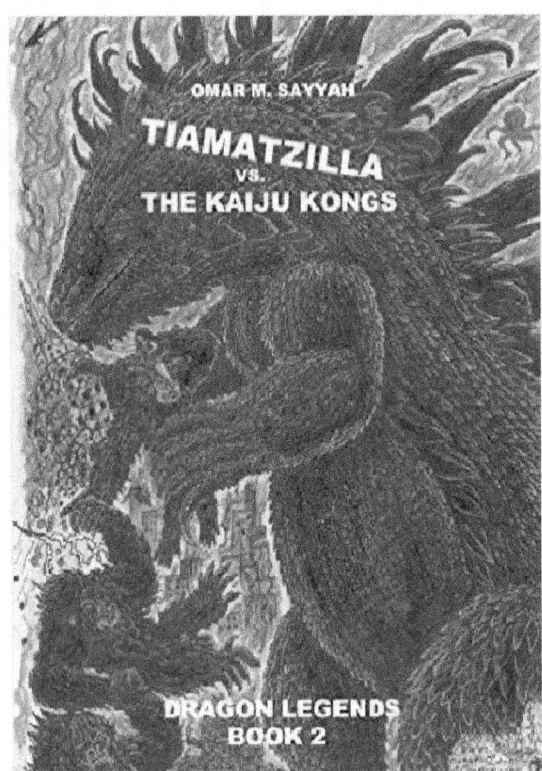

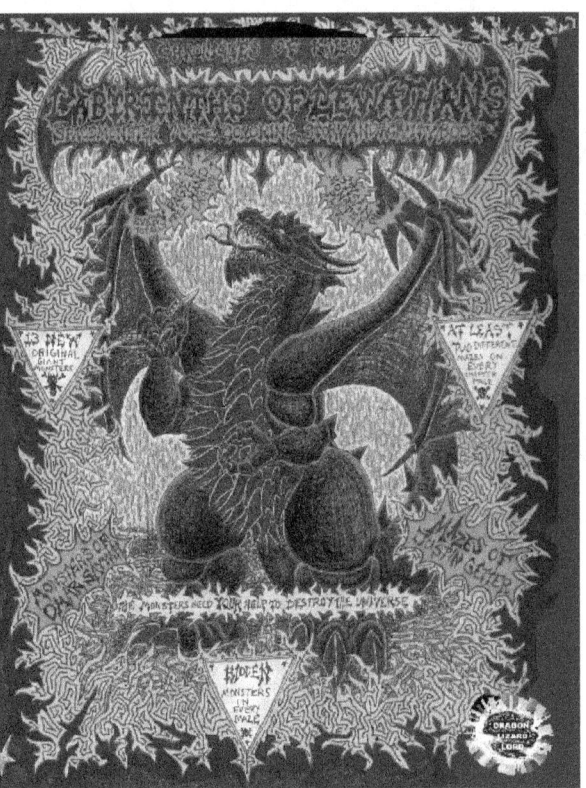

CHECK OUT THESE OTHER FINE DRAGON BOOKS!

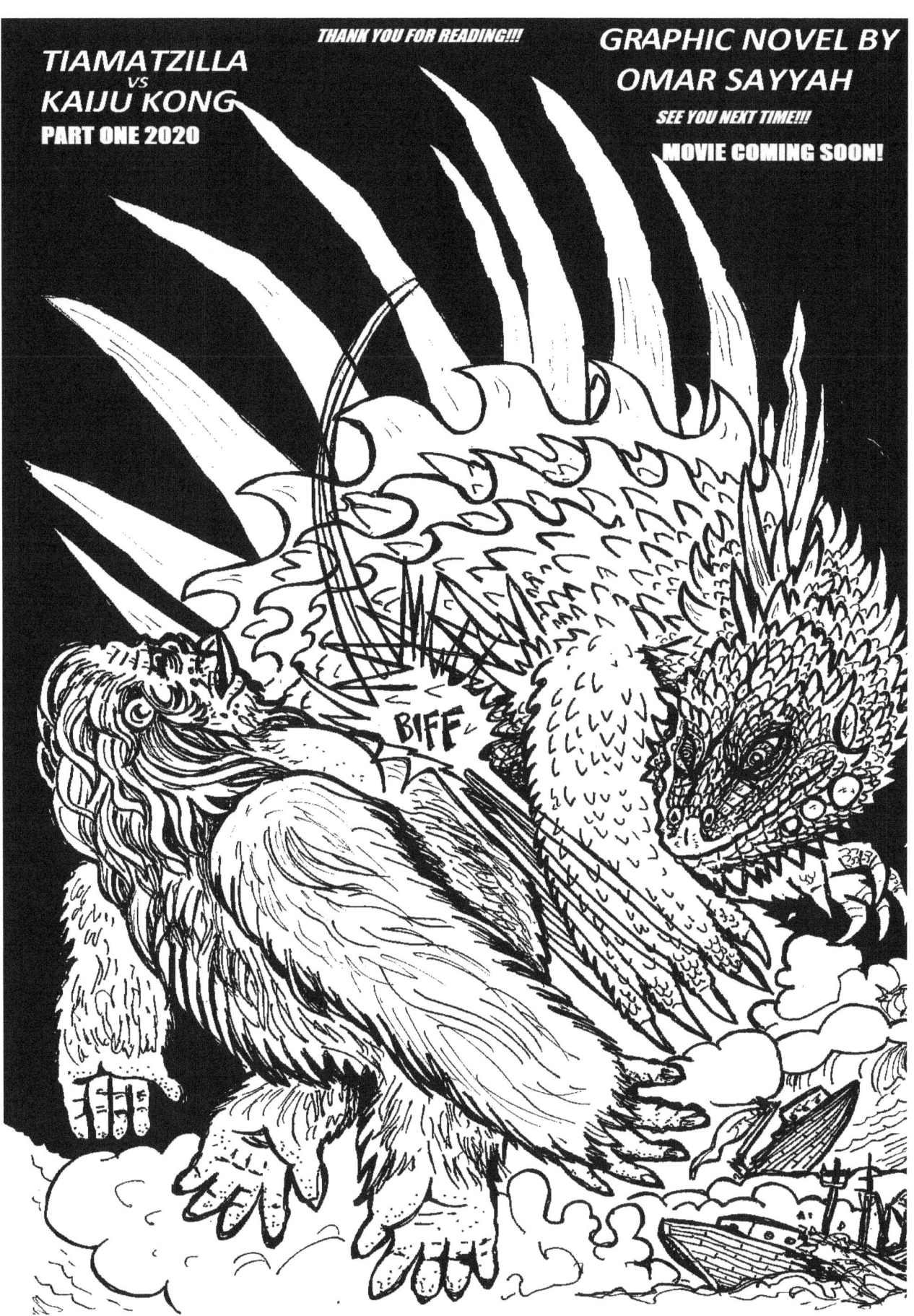